FUNDAMENTOS DE DIREITO DO TERCEIRO SETOR

UM GUIA PARA COMPREENDER O CONCEITO, A ORIGEM E O REGIME JURÍDICO DAS ENTIDADES SEM FINS LUCRATIVOS NO BRASIL

FERNANDO MÂNICA

Prefácio
Marçal Justen Filho

FUNDAMENTOS DE DIREITO DO TERCEIRO SETOR

UM GUIA PARA COMPREENDER O CONCEITO, A ORIGEM E O REGIME JURÍDICO DAS ENTIDADES SEM FINS LUCRATIVOS NO BRASIL

2ª reimpressão

1

Belo Horizonte

2025

COLEÇÃO FÓRUM
FERNANDO MÂNICA
DE DIREITO DO
TERCEIRO SETOR

© 2022 Editora Fórum Ltda.

2023 1ª reimpressão

2025 2ª reimpressão

É proibida a reprodução total ou parcial desta obra, por qualquer meio eletrônico, inclusive por processos xerográficos, sem autorização expressa do Editor.

Conselho Editorial

Adilson Abreu Dallari
Alécia Paolucci Nogueira Bicalho
Alexandre Coutinho Pagliarini
André Ramos Tavares
Carlos Ayres Britto
Carlos Mário da Silva Velloso
Cármen Lúcia Antunes Rocha
Cesar Augusto Guimarães Pereira
Clovis Beznos
Cristiana Fortini
Dinorá Adelaide Musetti Grotti
Diogo de Figueiredo Moreira Neto (in memoriam)
Egon Bockmann Moreira
Emerson Gabardo
Fabrício Motta
Fernando Rossi
Flávio Henrique Unes Pereira

Floriano de Azevedo Marques Neto
Gustavo Justino de Oliveira
Inês Virgínia Prado Soares
Jorge Ulisses Jacoby Fernandes
Juarez Freitas
Luciano Ferraz
Lúcio Delfino
Marcia Carla Pereira Ribeiro
Márcio Cammarosano
Marcos Ehrhardt Jr.
Maria Sylvia Zanella Di Pietro
Ney José de Freitas
Oswaldo Othon de Pontes Saraiva Filho
Paulo Modesto
Romeu Felipe Bacellar Filho
Sérgio Guerra
Walber de Moura Agra

FÓRUM
CONHECIMENTO JURÍDICO

Luís Cláudio Rodrigues Ferreira
Presidente e Editor

Coordenação editorial: Leonardo Eustáquio Siqueira Araújo
Aline Sobreira de Oliveira

Rua Paulo Ribeiro Bastos, 211 – Jardim Atlântico – CEP 31710-430
Belo Horizonte – Minas Gerais – Tel.: (31) 99412.0131
www.editoraforum.com.br – editoraforum@editoraforum.com.br

Técnica. Empenho. Zelo. Esses foram alguns dos cuidados aplicados na edição desta obra. No entanto, podem ocorrer erros de impressão, digitação ou mesmo restar alguma dúvida conceitual. Caso se constate algo assim, solicitamos a gentileza de nos comunicar através do *e-mail* editorial@ editoraforum.com.br para que possamos esclarecer, no que couber. A sua contribuição é muito importante para mantermos a excelência editorial. A Editora Fórum agradece a sua contribuição.

Dados Internacionais de Catalogação na Publicação (CIP) de acordo com a AACR2

M278f	Mânica, Fernando Fundamentos de Direito do Terceiro Setor: um guia para compreender o conceito, a origem e o regime jurídico das entidades sem fins lucrativos no Brasil / Fernando Mânica. 2. reimpressão.- Belo Horizonte : Fórum, 2022. 153 p. : il. ; 14,5cm x 21,5cm. – (Coleção Fernando Mânica de Direito do Terceiro Setor ; v.1) Inclui bibliografia. ISBN: 978-65-5518-310-8 1. Direito. 2. Direito Público. 3. Direito Administrativo. 4. Direito Civil. 5. Teoria Geral do Direito. 6. Direito Constitucional. 7. Direito do Terceiro Setor. I. Título. II. Série. CDD 341 CDU 343
2021-4294	

Elaborado por Vagner Rodolfo da Silva - CRB-8/9410

Informação bibliográfica deste livro, conforme a NBR 6023:2018 da Associação Brasileira de Normas Técnicas (ABNT):

MÂNICA, Fernando. *Fundamentos de Direito do Terceiro Setor*: um guia para compreender o conceito, a origem e o regime jurídico das entidades sem fins lucrativos no Brasil. 2. reimpr. Belo Horizonte: Fórum, 2022. 153 p. ISBN 978-65-5518-310-8.

Para meus filhos Lorenzo e Otávio

SUMÁRIO

PREFÁCIO
Marçal Justen Filho 9

INTRODUÇÃO 13

CAPÍTULO 1
O CONCEITO DE TERCEIRO SETOR 17
1.1 Elemento subjetivo: as instituições do terceiro setor 18
1.1.1 Personalidade jurídica de direito privado 19
1.1.2 Voluntariedade e autonomia 22
1.1.2.1 Entidades estatais 24
1.1.2.2 Entidades paraestatais 24
1.1.2.3 Entidades não estatais 26
1.1.3 Finalidade não lucrativa 26
1.1.3.1 Lucro e *superávit* 28
1.1.3.2 Atividade econômica e finalidade econômica 29
1.1.3.3 Gratuidade e cobrança por serviços prestados 30
1.1.3.4 Finalidade lucrativa e *mais-valia* 30
1.1.3.5 Remuneração de dirigentes 31
1.2 Elemento objetivo ou material: as atividades do terceiro setor 33
1.2.1 Interesse mútuo e interesse público 35
1.2.2 Interesse público e interesse estatal 38
1.2.3 Interesse público e direitos fundamentais 39
1.2.4 Modos de atuação do terceiro setor 42
1.2.4.1 Atividade prestacional 44
1.2.4.1.1 Serviços de relevância pública 44
1.2.4.1.2 Serviços públicos sociais 45
1.2.4.2 Atividade promocional: defesa, construção e difusão de direitos 45
1.2.4.3 Atividades instrumentais 48
1.2.4.3.1 Atividades de gestão 48
1.2.4.3.2 Atividades financeiras 48
1.3 Elemento formal: o regime jurídico do terceiro setor 49
1.3.1 Regime jurídico de direito público e de direito privado 50
1.3.2 Critérios para a definição do regime jurídico do terceiro setor 52

CAPÍTULO 2
O TERCEIRO SETOR NA HISTÓRIA 57
2.1 O Estado na história: direitos fundamentais e terceiro setor 58
2.1.1 Terceiro setor no Estado de Direito 60
2.1.1.1 A dissolução das instituições do terceiro setor 61

2.1.1.2	O reconhecimento das instituições do terceiro setor	63
2.1.2	Terceiro Setor no Estado social e democrático de Direito	64
2.1.2.1	O fomento ao terceiro setor	65
2.1.2.2	Os novos modelos de colaboração entre Estado e terceiro setor	68
2.2	O Estado brasileiro e o terceiro setor	71
2.2.1	Brasil Colônia	73
2.2.2	Império	75
2.2.3	Primeira República	77
2.2.4	Era Vargas	78
2.2.5	Segunda República	81
2.2.6	Período ditatorial e redemocratização	83
2.2.7	Constituição de 1988	86
2.2.8	Inovações e perspectivas pós-Constituição de 1988	92
2.2.8.1	Organizações Sociais	93
2.2.8.2	Organizações da Sociedade Civil de Interesse Público – OSCIPs	94
2.2.8.3	A nova lei do CEBAS	95
2.2.8.4	Organizações da Sociedade Civil – OSCs	96

CAPÍTULO 3
DIREITO DO TERCEIRO SETOR 97

3.1	Princípios do Direito do Terceiro Setor	99
3.1.1	Princípios que garantem a ausência de óbices para a criação e a organização de instituições do terceiro setor	100
3.1.1.1	Liberdade de associação e incentivo ao associativismo	101
3.1.1.2	Liberdade de adesão e afastamento de associados	103
3.1.1.3	Vedação à interferência estatal	103
3.1.1.4	Imunidade tributária	104
3.1.1.4.1	Imunidade a impostos	105
3.1.1.4.2	Imunidade a contribuições para a seguridade social	107
3.1.2	Princípios que preveem a participação do terceiro setor na concretização dos direitos fundamentais	109
3.1.2.1	Princípio da solidariedade	110
3.1.2.2	Princípio da cidadania	114
3.1.2.3	Princípio da livre-iniciativa e da subsidiariedade	118
3.1.3	Princípios que fundamentam a celebração de parcerias entre o Estado e instituições do terceiro setor	125
3.1.3.1	Princípio da eficiência	125
3.1.3.2	Princípio da descentralização	129
3.1.3.3	Princípio da complementaridade	133
3.2	Legislação do terceiro setor	136
3.2.1	Direito Constitucional	137
3.2.2	Direito Civil e Direito Empresarial	137
3.2.3	Direito Administrativo	138
3.2.4	Direito Financeiro	140
3.2.5	Direito Tributário	141
3.2.6	Direito do Trabalho	143
3.2.7	Direito Processual Civil	145
3.2.8	Direito Internacional Privado	148

REFERÊNCIAS 149

PREFÁCIO

Uma das características marcantes da sociedade contemporânea reside na consagração de direitos humanos de conteúdo prestacional. Trata-se do reconhecimento de que a dignidade humana exige não apenas proteção por meio da restrição a interferências exteriores, mas também de tutela por via de prestações positivas. É indispensável assegurar a subjetividade dos seres essenciais, considerada a expressão 'subjetividade' na sua acepção nuclear.

Não se admite a instrumentalização do ser essencial, adotada a expressão para indicar que o ser humano e outros seres se constituem em protagonistas da existência – o que inclui inclusive a totalidade da natureza.

A vedação à instrumentalização dos seres essenciais implica assegurar-lhes tutela e proteção, inclusive por meio de prestações jurídicas e materiais indispensáveis à sua sobrevivência, à preservação da sua integridade e à realização proporcional de suas potencialidades.

Essa afirmação filosófico-política apresenta implicações de diversa ordem. Algumas se produzem, como é evidente, no plano jurídico. Os direitos humanos são consagrados constitucionalmente, formalizando-se como direitos fundamentais nucleares ao regime jurídico.

Numa concepção muito tradicional, a promoção dos direitos fundamentais apresentava uma relação intrínseca com as instituições estatais. Cabia ao Estado, de modo primordial (senão exclusivo) realizar os direitos fundamentais de cunho prestacional.

Esse enfoque se evidenciou como insuficiente por duas razões principais.

A primeira consiste no compartilhamento entre todos os sujeitos humanos da responsabilidade pela realização generalizada dos direitos fundamentais dos seres essenciais. O ser humano está subordinado ao dever (moral, político, econômico, jurídico) de promover a subjetividade de todos os demais seres essenciais. A afirmação da subjetividade não é um privilégio restrito a apenas alguns dos seres humanos. Todos os seres humanos são sujeitos na mesma extensão e titularidades de dignidade insuscetível de diferenciação.

Igualmente, não é admissível que somente alguns dos seres humanos e algumas das instituições sociais sejam investidos do poder-dever de promover a realização dos direitos fundamentais "alheios". Todos os seres humanos compartilham a titularidade das posições ativas e passivas quanto à realização dos direitos fundamentais.

Daí se segue que o Estado não é a única instituição investida desse poder-dever quanto à realização dos direitos fundamentais dos seres essenciais. Os seres humanos, na sua generalidade e independentemente de qualquer instituição político-estatal, também se encontram na mesma posição jurídica.

A segunda razão reside na insuficiência e na inadequação da atuação isolada do Estado para a realização dos direitos fundamentais do conjunto dos seres essenciais. As demandas para a realização efetiva de tais direitos fundamentais envolvem a aplicação de esforços e de recursos que ultrapassam os limites da organização estatal. Ademais, o descompromisso dos seres humanos quanto à promoção dos direitos fundamentais frustraria e neutralizaria a atuação estatal. Enfim, os atributos e características da organização estatal dificultam, em muitos casos, o desenvolvimento de atividades adequadas à realização dos direitos fundamentais.

Por decorrência, a evolução civilizatória tem conduzido à ampliação da atuação não estatal para a realização dos direitos fundamentais dos seres essenciais. Sob o prisma jurídico, isso significa que o conjunto de normas pertinentes à realização dos direitos fundamentais vincula não apenas o Estado, mas também todo e cada um dos seres humanos. Essa concepção conduziu inclusive ao reconhecimento da chamada eficácia horizontal dos direitos fundamentais, terminologia que implica a tutela a tais direitos mesmo quando não envolva uma relação de que participe o Estado.

Isso conduz à concepção de que a disciplina jurídica quanto à realização dos direitos fundamentais apresenta não apenas uma vertente estatal, mas também se desenvolve num âmbito entre sujeitos não estatais. O resultado é a revelação de um Direito Público não estatal, que acompanha o Direito Público estatal. Mas que também se subordina a uma evolução autônoma.

Tem-se difundido a expressão "direito do terceiro setor" para indicar uma parcela significativa desse conjunto de normas relacionadas à atuação de sujeitos não estatais para a realização de interesses privados e públicos, vinculados especialmente à realização dos direitos fundamentais dos seres essenciais. Essa formulação anterior já evidencia a complexidade da questão, que escapa a definições dogmáticas e formais. Em face das concepções tradicionais, esse direito do terceiro setor apresenta uma interação transdisciplinar. Exterioriza-se tanto como manifestação do Direito Público, mas não deixa de evidenciar-se como uma decorrência da autonomia privada, típica do Direito Privado.

A teorização do direito do terceiro setor encontra-se em estágio inicial. Na maior parte dos casos, a questão se desenvolve de modo acessório ao exame de temas de Direito Público e de Direito Privado. Mas a crescente autonomia (inclusive legislativa) das instituições e a atuação do terceiro setor impõem a construção de instrumentos de análise jurídica próprios.

Nesse contexto, os esforços de Fernando Mânica apresentam extraordinária atualidade e relevância muito significativa. O seu trabalho doutrinário envolve essas tarefas de identificação e de diferenciação, que se constituem em pressuposto da evolução do conhecimento. Nessa obra, Mânica indica os pontos de contato e de comunhão entre o regime jurídico do terceiro setor em face do Direito Público tradicional. Mas também indica os aspectos distintivos, que exigem enfoque próprio.

Os Fundamentos do Direito do Terceiro Setor, obra produzida por Fernando Mânica, são essenciais e indispensáveis para todos os operadores do Direito que atuam no segmento específico. Mas também apresentam extraordinária relevância doutrinária, especialmente para os estudiosos do Direito Público. Permitem a compreensão dos limites de possibilidade da atuação estatal isolada. Ao fazê-lo, indicam também as vertentes de conjugação entre Estado, sociedade e indivíduos. E refletem a concepção de que todos nós, seres humanos, compartilhamos a responsabilidade pela integridade (na acepção mais própria do termo) própria, dos demais seres humanos e do mundo em que vivemos.

Por isso, é um privilégio diferenciado participar do empreendimento levado avante por Fernando Mânica, ainda que de modo muito acessório e secundário. Mas a realização dos direitos fundamentais dos seres essenciais depende, inclusive e sempre, da atuação, ainda que acessória e secundária, de todos nós.

Marçal Justen Filho
Advogado. Mestre e Doutor em Direito. Foi professor titular da Faculdade de Direito da UFPR de 1986 a 2006. *Visiting Fellow* no Instituto Universitário Europeu (Itália, 1999) e *Research Scholar* na Yale Law School (EUA, 2010-2011).

INTRODUÇÃO

Segundo dados oficiais do Instituto de Pesquisa Econômica Aplicada (Ipea), em 2020 havia 815.676 (oitocentas e quinze mil seiscentas e setenta e seis) organizações da sociedade civil no Brasil. Trata-se de um universo de instituições bastante amplo, multifacetado e imprescindível ao atendimento das necessidades sociais dos cidadãos brasileiros.

Tais organizações não integram o aparato estatal e não desenvolvem atividade empresarial, razão pela qual costumam ser designadas pela expressão terceiro setor. Essa expressão possui peculiar sentido para o Direito, pois denota a insuficiência da dicotomia que marcou a produção e a interpretação do Direito moderno em sua vertente liberal. Trata-se da conhecida oposição *público/estatal x privado-mercadológico,* os quais correspondem ao primeiro setor e ao segundo setor, respectivamente.

A superação deste modelo dicotômico de produção e interpretação do Direito apenas ocorreu com o surgimento das constituições sociais e democráticas, a partir da segunda metade do século XX. Os novos valores constitucionais e as novas tarefas impostas a todos os atores sociais trouxeram as condições para o surgimento de grande parte das instituições do terceiro setor hoje existentes. Nesse novo ambiente, como se verá ao longo desta obra, a lente binária *público/estatal* x *privado/mercadológico* tornou-se incapaz de descrever a realidade social e insuficiente para satisfazer todos os interesses sociais plasmados nos textos constitucionais. Daí o uso da expressão terceiro setor, que traz consigo a ideia de superação de um determinado modelo dual de leitura da realidade, de satisfação das necessidades sociais e de interpretação do Direito.

Nesse ponto, cabe uma advertência. A mimetização de comportamentos exclusivamente empresariais ou exclusivamente estatais pelo terceiro setor implica desvirtuamento de sua própria essência e configura verdadeiro desvio de finalidade. Daí a importância da correta compreensão do conceito de terceiro setor, de sua origem e do desenvolvimento de suas relações com o Estado, bem como de seu regime jurídico. Tais temas são tratados neste livro e materializam pressupostos essenciais para a adequada análise, eventual crítica e necessário aperfeiçoamento da atuação do terceiro setor no Brasil.

Assim sendo, não é apenas o grande número de instituições em solo pátrio que justifica o estudo do terceiro setor sob a perspectiva jurídica. Para além do enorme quantitativo de pessoal, de recursos, de bens e de relações jurídicas relacionadas ao terceiro setor, a importância do tema para o Direito decorre do papel atribuído às instituições do terceiro setor para a concretização dos direitos fundamentais. Isso porque o Estado Social e Democrático de Direito erigido após a Segunda Guerra Mundial e estruturado no Brasil pela Constituição de 1988 demanda a participação do terceiro setor na consecução das tarefas estatais. Nesse passo, tanto o estudo do terceiro setor enquanto fenômeno social quanto a interpretação do Direito incidente sobre ele apenas podem ser admitidos à luz da Constituição, *hic et nunc*.

Importa reconhecer, assim, que o fortalecimento do terceiro setor não implica o enfraquecimento do Estado e de sua capacidade de satisfazer as necessidades sociais. Pelo contrário, instituições e atividades do terceiro setor, devidamente disciplinadas e fiscalizadas pelo Poder Público, reforçam a capacidade de atuação estatal no provimento de bens sociais. Neste aspecto, como será explicado ao longo do livro, a atuação do terceiro setor jamais tem o condão de afastar, suspender ou restringir o dever estatal de garantir a materialização de todos os direitos previstos no catálogo constitucional.

Nesse cenário, estudar os *Fundamentos do Direito do Terceiro Setor* demanda esforço hermenêutico com vistas a delimitar o objeto de estudo e explicar o regime jurídico sobre ele incidente, sem, contudo, recair na armadilha de uma pretensão totalizante e acabada sobre um fenômeno cuja marca principal consiste no rompimento de barreiras nítidas e estanques. Com esse objetivo, o presente livro subdivide-se em três grandes capítulos.

O primeiro capítulo trata da questão conceitual. Nele, busca-se apresentar as principais notas que caracterizam o terceiro setor sob três prismas de análise: o terceiro setor em sentido subjetivo ou amplo, que corresponde às instituições do terceiro setor; o terceiro setor em sentido objetivo ou material, que corresponde às instituições do terceiro setor que desempenham atividades promocionais ou prestacionais de interesse público; e o terceiro setor em sentido formal, que corresponde ao regime jurídico incidente sobre as instituições do terceiro setor em sentido objetivo ou material.

Ao longo do Capítulo 1, são explicitadas todas as características do terceiro setor, conforme cada prisma de análise (subjetivo, objetivo e formal). Em relação ao elemento subjetivo do terceiro setor, são tratados temas como personalidade jurídica de direito privado, ausência de finalidade lucrativa e seus desdobramentos, voluntariedade e autonomia. Acerca do elemento objetivo do terceiro setor, são esclarecidas as diferenças entre interesse público e interesse mútuo, bem como é fixada sua vinculação com os direitos fundamentais. Além disso, são demonstradas as formas de atuação do terceiro setor, tanto em seu viés prestacional e promocional quanto na execução de atividades instrumentais. Ao cabo do primeiro capítulo a obra traz um aprofundamento na noção de regime jurídico, com a categorização dos regimes de direito público e de direito privado, seguida de uma proposta de critérios para a definição do regime jurídico do terceiro setor – o qual, como dito, não se insere em um dos polos da dicotomia *público/estatal x privado/mercadológico*.

Já o Capítulo 2 analisa a origem moderna daquilo que hoje se denomina terceiro setor. Para tanto, faz-se uma retomada histórica das relações entre o terceiro setor e o Estado moderno. O foco dessa reconstrução corresponde ao processo de consagração dos direitos fundamentais. Isso porque o catálogo constitucional de tais direitos vincula-se ao terceiro setor sob duas perspectivas: de um lado, o processo histórico de consagração dos direitos fundamentais decorre de lutas travadas, também, por instituições do terceiro setor; de outro lado, o desenvolvimento do terceiro setor, em cada momento histórico, resulta do rol de direitos fundamentais consagrados no texto constitucional.

Além disso, também no segundo capítulo, a perspectiva histórica é trazida para a realidade brasileira, desde o surgimento da primeira instituição do terceiro setor em solo pátrio no século XVI até a consagração dos direitos fundamentais pela Constituição de 1988 e o consequente surgimento das leis que hoje disciplinam o tema: Lei das Organizações Sociais – OSs, Leis das Organizações da Sociedade Civil de Interesse Público – OSCIPs, Lei das Entidades Beneficentes de Assistência Social – EBAS e Lei das Organizações da Sociedade Civil – OSCs.

No Capítulo 3 é tratado o regime jurídico do terceiro setor. Retomando a construção conceitual de terceiro setor e a análise histórica de suas relações com o Estado, traz-se a sistematização do Direito do Terceiro Setor a partir da definição e interpretação dos princípios constitucionais que lhe dão racionalidade. Para a melhor compreensão, a obra subdivide a análise em três grandes grupos de princípios: os princípios que garantem ausência de óbices para a criação e a organização de instituições do terceiro setor; os princípios que preveem a participação do terceiro setor na concretização dos direitos fundamentais; e os princípios que fundamentam a celebração de parcerias entre o Estado e instituições do terceiro setor.

Por fim, ainda no Capítulo 3, são analisados os principais pontos de inter-relação entre o Direito do Terceiro Setor e alguns dos ramos clássicos do Direito, como o Direito Constitucional, o Direito Civil e o Direito Empresarial, o Direito Administrativo, o Direito Financeiro, o Direito Tributário, o Direito do Trabalho, o Direito Processual Civil e o Direito Internacional Privado. Não se trata de um rol exaustivo e tampouco de uma análise exauriente, mas da análise de temas relevantes e de normas com peculiar incidência sobre as instituições do terceiro setor.

Traçado o roteiro, reitera-se o convite para que o leitor aprofunde seu conhecimento sobre esse universo tão amplo e tão importante para o desenvolvimento social.

CAPÍTULO 1

O CONCEITO DE TERCEIRO SETOR

O *terceiro setor* é formado por pessoas jurídicas de direito privado, voluntárias, autônomas e sem fins lucrativos, que desenvolvem atividades prestacionais ou promocionais de interesse público e são submetidas a um regime jurídico próprio, que varia conforme a natureza da atividade desempenhada e seu vínculo com o Estado.

Essa noção é formada por três elementos, que permitem a visualização do terceiro setor por três perspectivas diversas. O elemento subjetivo (conjunto de pessoas jurídicas de direito privado, voluntárias, autônomas e sem fins lucrativos), o elemento objetivo ou material (que desenvolvem atividades prestacionais ou promocionais de interesse público) e o elemento formal (submetidas a um regime jurídico próprio, que varia conforme a natureza da atividade desempenhada e seu vínculo com o Estado).

É possível visualizar o terceiro setor de modo parcial, a partir da intersecção dos elementos subjetivo e objetivo. Tal recorte delimita um universo de pessoas jurídicas – as instituições do terceiro setor. Graficamente, tem-se a seguinte representação:

Essa ilustração retrata a realidade do terceiro setor, mas não tem como objetivo definir de modo cartesiano uma classificação rígida da realidade social. Isso porque a própria ideia de terceiro setor surgiu com o objetivo de romper com divisões e simplificações da realidade social (e do direito sobre ela incidente). Assim, entende-se configurar verdadeira contradição de termos qualquer tentativa de reconduzir a realidade multifacetada do terceiro setor a um conjunto hermético e uniforme.

Assim, é possível analisar a expressão terceiro setor tendo como referência todo o universo subjetivo, englobando todas as pessoas jurídicas sem fins lucrativos ilustradas pela esfera do lado esquerdo do gráfico anterior. Do mesmo modo, é possível falar-se em terceiro setor no aspecto objetivo ou material, para designar as próprias atividades de interesse público por ele exercidas – representadas pela esfera direita do gráfico.

E para além disso, pode-se enxergar o terceiro setor sob a perspectiva do regime jurídico incidente sobre a conjunção dos dois conjuntos referidos. Este regime jurídico, adiante analisado, denomina-se Direito do Terceiro Setor.

1.1 Elemento subjetivo: as instituições do terceiro setor

O elemento subjetivo do terceiro setor corresponde ao conjunto de entidades que possuem três características principais: (i) personalidade jurídica de direito privado, (ii) independência em relação ao Estado e (iii) ausência de finalidade lucrativa. Essa concepção está ligada à origem da própria expressão terceiro setor, que foi cunhada originalmente para referir-se ao grupo de entidades não pertencentes ao Estado e nem ao mercado. A ilustração que deu vida ao terceiro setor é comumente traçada por meio do seguinte quadro:

PRIMEIRO SETOR (ESTADO)

SEGUNDO SETOR (MERCADO)

TERCEIRO SETOR

O quadro aponta para um sentido residual de terceiro setor, na medida em que tudo aquilo que não corresponder ao Estado e ao mercado, pertenceria a essa categoria. Nesse sentido, portanto, a *personalidade jurídica de direito privado*, a *voluntariedade e autonomia*, bem como a *ausência de finalidade lucrativa* são características presentes em todas as instituições do terceiro setor. No entanto, nem todas as entidades que possuem tais características integram o terceiro setor, à luz dos elementos material e formal de seu conceito, conforme se verá adiante.

1.1.1 Personalidade jurídica de direito privado

As instituições do terceiro setor possuem realidade institucional, objetivos permanentes e estrutura organizacional própria. Por isso, elas devem ser reconhecidas como entidades autônomas em relação às pessoas que a compõem. Para isso, as instituições do terceiro setor devem ser *formalizadas* nos termos da legislação de cada país (como no caso do Brasil), ou apenas *reconhecidas* como tais pela legislação local, sem necessidade de formalização (como acontece em países como os Estados Unidos). Uma entidade do terceiro setor é, assim, necessariamente, formada por um conjunto de pessoas ou de bens a quem é reconhecida a aptidão de exercer direitos e contrair deveres em nome próprio.

Nesse sentido, o terceiro setor é composto por modelos jurídicos reconhecidos pelo ordenamento como realidades institucionais dotadas de existência e capazes de realizar, por si mesmas, atos jurídicos que criam, extinguem, modificam, resguardam ou transferem direitos. Apenas possuem capacidade para inovar no mundo do Direito aqueles a quem o ordenamento pátrio reconhece a *personalidade jurídica*. Não por outro motivo, a personalidade jurídica, entendida como a aptidão para contrair deveres e para exercer direitos em nome próprio, é característica essencial dos entes do terceiro setor.

É bem verdade que existem grupamentos de pessoas não institucionalizados que desempenham papel de extrema relevância na sociedade. Tais grupamentos costumam ser denominados *movimentos sociais* e conformam importante objeto de estudo para as ciências sociais.

Os movimentos sociais, analisados mais adiante, são importantes porque decorrem do movimento espontâneo de pessoas que se unem para a defesa de determinado ideal, seja a reivindicação de direitos ou a prestação de auxílio a determinado grupo de pessoas. Contudo, a legitimidade da atuação dos movimentos sociais é vinculada à institucionalização de processos decisórios internos. Além disso, o impacto social e jurídico de suas ações depende de sua capacidade para exercer atos em nome da coletividade que representa. Por tais motivos, é natural que os movimentos sociais percorram um caminho de estruturação e formalização, com a instituição de uma pessoa jurídica.

A partir do momento em que um movimento social adquire personalidade jurídica, as pessoas que o integram passam a ser reconhecidas pelo Direito como uma unidade, um sujeito autônomo sobre o qual incidem normas jurídicas diversas daquelas incidentes sobre cada uma das pessoas que o integram. Neste momento, um movimento social toma a forma de uma entidade do terceiro setor.

Para o Direito brasileiro, possuem personalidade jurídica tanto os cidadãos, denominados de *pessoas físicas ou naturais*, quanto determinados conjuntos de pessoas naturais e de bens.[1] Daí a conhecida classificação das pessoas em (i) pessoas físicas, que se originam do nascimento com vida,[2] e (ii) pessoas jurídicas ou morais, que surgem por força do Direito Internacional, da Constituição, da lei e do registro em órgãos oficiais.[3]

As pessoas jurídicas criadas nos termos do Direito Internacional são denominadas pessoas jurídicas de direito público externo, enquanto as pessoas jurídicas criadas pela Constituição e pela lei são denominadas de pessoas jurídicas de direito público interno.

Já a personalidade jurídica de direito privado surge quando uma ou mais pessoas físicas ou jurídicas seguem o procedimento especificamente estabelecido na legislação civil para a instituição de pessoas jurídicas de direito privado.[4] Note-se que a única forma para que pessoas físicas ou mesmo pessoas jurídicas de direito privado criem outras pessoas jurídicas encontra-se prevista na legislação civil.

---

[1] Tratando de sujeito de direito, Pontes de Miranda o descreve como "centro de imputação de direitos e obrigações, referidos em normas jurídicas, com a finalidade de orientar a superação de conflitos de interesses que envolvam direta ou indiretamente o homem" – PONTES DE MIRANDA, Francisco. *Tratado de Direito Privado*. Parte Geral. Tomo I: Introdução. Pessoas Físicas e Jurídicas. São Paulo: Revista dos Tribunais, 1977, p. 153.

[2] Código Civil. Art. 2º A personalidade civil da pessoa começa do nascimento com vida; mas a lei põe a salvo, desde a concepção, os direitos do nascituro.

[3] Código Civil. Art. 40. As pessoas jurídicas são de direito público, interno ou externo, e de direito privado.

[4] Código Civil. Art. 45. Começa a existência legal das pessoas jurídicas de direito privado com a inscrição do ato constitutivo no respectivo registro, precedida, quando necessário, de autorização ou aprovação do Poder Executivo, averbando-se no registro todas as alterações por que passar o ato constitutivo.

As diversas modalidades de pessoas jurídicas de direito privado surgem a partir da elaboração de atos constitutivos e do registro em órgãos oficiais. Em termos esquemáticos, dentre as pessoas jurídicas de direito interno tem-se, em regra:

INSTITUIÇÃO PELA CONSTITUIÇÃO OU POR LEI
→ PERSONALIDADE DE DIREITO PÚBLICO

INSTITUIÇÃO NOS TERMOS DA LEGISLAÇÃO CIVIL
→ PERSONALIDADE DE DIREITO PRIVADO

É importante notar que o Estado é composto tanto por pessoas jurídicas de direito público – criadas diretamente pela Constituição ou pela lei – quanto por pessoas jurídicas de direito privado – instituídas pelo Poder Executivo (mediante autorização legal específica) nos termos da legislação civil.[5]

Exige-se a criação de pessoas jurídicas de direito público pelo Estado nas hipóteses em que a nova entidade tenha como função o exercício de atividades que envolvam o exercício do poder, como atividade de polícia e regulação. Já nas hipóteses em que o Estado busca atuar como agente econômico ou social, organizando os fatores de produção de modo a satisfazer necessidades coletivas, são adotadas as formas jurídicas de direito privado.

Em termos esquemáticos:

ESTADO { **PESSOAS JURÍDICAS DE DIREITO PÚBLICO**
PESSOAS JURÍDICAS DE DIREITO PRIVADO

---

[5] Na organização administrativa brasileira, contudo, não há qualquer sistematização quanto ao tema. Existem no Brasil numerosas entidades estatais que foram criadas e disciplinadas diretamente por lei, sendo que a própria lei dispôs expressamente que a entidade possui personalidade jurídica de direito privado. Em hipóteses que tais, de modo diverso do entendimento aqui adotado, o Supremo Tribunal Federal já reconheceu a personalidade jurídica de direito privado, como se percebe do julgamento da ADI nº 1864/PR (caso Paraná Educação). Portanto, predomina na jurisprudência do STF a ideia de que a lei instituidora de uma entidade estatal pode definir se sua personalidade jurídica é de direito público ou de direito privado (BRASIL. Supremo Tribunal Federal. Ação Direta de Inconstitucionalidade nº 1.864/PR, Tribunal Pleno, Relator Min. Maurício Correa, *Diário de Justiça da União*, 19 jun. 2002).

Assim, visualizando a questão pelo prisma da personalidade jurídica, é possível perceber que todos os setores são integrados (total ou parcialmente) por pessoas jurídicas de direito privado.

Em representação gráfica:

PESSOAS JURÍDICAS DE DIREITO PRIVADO { ESTADO / MERCADO / TERCEIRO SETOR

Em conclusão, deve-se notar que a personalidade jurídica de direito privado é elemento essencial, mas não suficiente para qualificar o elemento subjetivo do conceito de terceiro setor. Por essa razão, duas outras características devem ser consideradas: a voluntariedade e a ausência de fins lucrativos.

1.1.2 Voluntariedade e autonomia

As instituições do terceiro setor possuem caráter *voluntário*, na medida em que sua criação não decorre do cumprimento de um dever legal. O exercício da autonomia da vontade, por parte de pessoas físicas ou jurídicas que criam uma entidade do terceiro setor, é uma característica essencial.

Deve-se destacar que a voluntariedade de uma entidade do terceiro setor não equivale a dizer que todas as pessoas vinculadas à entidade realizam *trabalho voluntário*. Pelo contrário, cada vez mais tem sido necessária a profissionalização do terceiro setor, com o pagamento pelos serviços prestados a todos os colaboradores que exercem atividades profissionais às entidades.

Além disso, as instituições do terceiro setor detêm autonomia na medida em que possuem uma estrutura interna de gestão não submetida a qualquer subordinação ao Estado ou à iniciativa privada lucrativa. Ainda que seja possível a presença de representantes do Poder Público ou do mercado em órgãos decisórios da entidade, a tomada de decisões deve ocorrer por meio de processos e instâncias internas que garantam independência em face dos interesses por eles representados.

Deve-se ressaltar, com isso, que a voluntariedade e a autonomia não podem conduzir ao entendimento de que o terceiro setor constitui uma área de atuação à parte, estanque e isolada dos demais setores.

Pelo contrário, a atuação do terceiro setor envolve reorganização, articulação e, muitas vezes, ação conjunta de Estado, mercado e sociedade.

Nesse ponto, duas observações merecem destaque.

As instituições do terceiro setor podem, voluntária e autonomamente, decidir submeter-se a determinadas exigências estatais previstas em lei como requisitos à obtenção de determinadas vantagens. Trata-se de uma autolimitação à autonomia da vontade exercida por decisão da própria entidade do terceiro setor, que normalmente ocorre quando a entidade busca determinado título ou certificação outorgada pelo Poder Público.[6] A restrição parcial da autonomia das instituições do terceiro setor pode ocorrer, portanto, em decorrência de um ato voluntário da própria entidade, por meio do qual a entidade do terceiro setor compromete-se a cumprir determinados requisitos legais como condição para usufruir de determinados incentivos estatais a suas atividades.

O mesmo pode ser dito em relação às fundações. Tal espécie de pessoa jurídica é prevista pelo Código Civil brasileiro como uma universalidade de bens destinada a um fim predeterminado por seu instituidor. Acontece que, justamente com o objetivo de garantir que tal fim seja permanentemente buscado pela fundação, o ordenamento pátrio prevê o velamento de suas atividades pelo Ministério Público. Portanto, a opção pela limitação da autonomia de gestão da fundação decorre de opção tomada pelo seu instituidor no exercício de sua autonomia da vontade.

Assim sendo, eventual autolimitação não afasta os quesitos da voluntariedade e da autonomia típicos das instituições do terceiro setor. Nesse sentido, fazem parte do terceiro setor tanto (i) entidades que não possuem qualquer vínculo com o Estado quanto (ii) entidades que dependem, parcial ou integralmente, de incentivos estatais e, consequentemente, estão submetidas a certos limites de atuação e ao controle por parte do Poder Público. O regime jurídico incidente sobre cada uma delas não é idêntico, como se verá adiante, razão pela qual o primeiro grupo de entidades pode ser denominado de *entidades independentes* e o segundo grupo pode ser denominado de *entidades de colaboração*.

---

[6] É o caso, por exemplo, das Organizações Sociais que, nos termos da Lei Federal nº 9.637/98, devem constituir um órgão deliberativo, denominado de *Conselho de Administração*, formado por representantes da própria entidade, do Poder Público e da sociedade civil.

De todo modo, não se pode perder de vista que as instituições do terceiro setor – por serem voluntárias e autônomas – não fazem parte do aparato estatal. Ainda que muitas das instituições do terceiro setor se relacionem com o Estado, por meio de diversos mecanismos de ajuste e incentivo, elas não compõem a organização administrativa do Estado.

Assim, as notas da voluntariedade e da autonomia distinguem o terceiro setor das entidades estatais e das entidades paraestatais. Além disso, tais características inserem o terceiro setor no universo mais amplo de entidades não estatais.

1.1.2.1 Entidades estatais

Entidades estatais são pessoas jurídicas *não voluntárias, instituídas por força de mandamento legal ou constitucional*. Elas podem ser de direito público, quando instituídas diretamente por lei ou pela Constituição, ou de direito privado, nos casos em que a lei determina ao Poder Executivo que elabore os atos constitutivos e promova sua instituição nos termos da legislação civil.[7]

O grupo de entidades estatais de direito público é formado pelas pessoas políticas (União, Estados-membros e municípios) e pelas autarquias, categoria da qual fazem parte todas as entidades estatais criadas diretamente por lei específica, como as fundações públicas de direito público, as agências reguladoras e os consórcios públicos de direito público.

Já as pessoas estatais de direito privado são aquelas criadas sob a forma de fundação pública de direito privado (também denominadas de fundações estatais), de consórcio público de direito privado ou ainda sob a forma de sociedades empresariais (empresas públicas, sociedades de economia mista e suas empresas subsidiárias).

Nenhuma delas, obviamente, integra o terceiro setor.

1.1.2.2 Entidades paraestatais

Etimologicamente, a expressão *paraestatal* significa algo que se encontra à margem do Estado, junto ao Estado ou mesmo contra o Estado. Na doutrina estrangeira, a expressão *entidades paraestatais* tem

---

[7] Repise-se, conforme acima anotado, que o Supremo Tribunal Federal reconheceu a personalidade jurídica de direito privado a entidade instituída diretamente por lei.

sido utilizada há várias décadas para se referir ao conjunto de pessoas jurídicas de algum modo vinculadas à Administração Pública para a realização de atividades de interesse público não exclusivo do Estado. No Brasil, não há consenso acerca de seu significado. Dentre os entendimentos mais difundidos, é possível fazer referência a quatro grandes grupos. Para alguns autores, a expressão entidades paraestatais é usada para designar as autarquias.[8] Para outros, paraestatais são as pessoas jurídicas da Administração Indireta de direito privado, como as fundações estatais e as empresas estatais.[9] De acordo com um terceiro grupo, são paraestatais todas as entidades da Administração Indireta, como autarquias, fundações estatais, empresas públicas e sociedades de economia mista e também os serviços sociais autônomos.[10] Finalmente, um quarto entendimento considera que a expressão paraestatal abrange as entidades de direito privado que prestam algum serviço social, incluindo no conceito as instituições do terceiro setor que atuam em parceria com o Estado.[11]

Atualmente, faz sentido o uso da expressão paraestatal para designar as pessoas jurídicas não integrantes da Administração Pública Direta ou Indireta, mas que possuem algum vínculo orgânico ou contratual com o Poder Público. Integram tal conceito as instituições do terceiro setor que possuem vínculo com a Administração Pública, bem como os serviços sociais autônomos. Não obstante, conforme explicado no livro *Instituições do Terceiro Setor*, os serviços sociais autônomos não se inserem no universo do terceiro setor justamente por faltarem-lhe a nota da voluntariedade. Isso porque, em que pese não integrarem a Administração Pública Indireta, tais entidades foram criadas por força de comando legal.

---

[8] CRETELLA JÚNIOR, José. *Administração indireta brasileira*. Rio de Janeiro: Forense, 1980, p. 140-141.
[9] MOREIRA NETO, Diogo de Figueiredo. *Curso de direito administrativo*. 14. ed. Rio de Janeiro: Forense, 2009, p. 260-261.
[10] CARVALHO FILHO, José dos Santos. *Manual de direito administrativo*. 23. ed. rev. e ampl. e atual. Rio de Janeiro: Lumen Juris, 2010, p. 501. Essa noção é adotada também em sede legislativa, como se verifica do artigo 107 da Lei nº 4.320/64, que estatui Normas Gerais de Direito Financeiro.
[11] DI PIETRO, Maria Sylvia Zanella. *Direito administrativo*. 20. ed. São Paulo: Atlas, 2007, p. 457.

1.1.2.3 Entidades não estatais

Entidade não estatal é aquela instituída por iniciativa da própria sociedade, seja por pessoas físicas ou por pessoas jurídicas que decidem, com base na autonomia da vontade, criar uma organização autônoma para a consecução de objetivos não vedados por lei. A forma jurídica adotada pode ser qualquer das formas previstas no Código Civil, como a associação, a fundação, o partido político, a organização religiosa e os diversos tipos de pessoas jurídicas com fins lucrativos (como a sociedade civil, a sociedade empresarial, a sociedade cooperativa, a empresa individual de responsabilidade limitada – EIRELI e a sociedade limitada unipessoal – SLU).

Todas as entidades não estatais são voluntárias e autônomas, de modo que o terceiro setor insere-se em tal universo. Entretanto, a nota que diferencia as instituições do terceiro setor das demais entidades não estatais refere-se à ausência de finalidade lucrativa.

1.1.3 Finalidade não lucrativa

A *ausência de finalidade lucrativa* é característica essencial que compõe o elemento subjetivo do terceiro setor e serve para afastar de seu conceito as entidades não estatais que integram o mercado. Enquanto a voluntariedade e autonomia demarcam a separação entre as pessoas jurídicas de direito privado estatais e paraestatais; a ausência de finalidade lucrativa demarca a separação das instituições do terceiro setor das entidades não estatais do segundo setor.

Entretanto, não se pode perder de vista que as instituições do terceiro setor desempenham suas atividades em um ambiente de livre-iniciativa e livre mercado, no qual sua existência e atuação dependem de recursos financeiros, materiais e humanos. Nessa esquadra, uma das atividades instrumentais mais importantes das instituições do terceiro setor consiste no desempenho de *atividades econômicas* instrumentais à busca de recursos necessários à sua subsistência.

A ausência de finalidade lucrativa significa que as instituições do terceiro setor não voltam suas atividades para a geração e distribuição de lucro, a fim de obter remuneração pelo capital investido. Por isso, todo o retorno financeiro de uma entidade do terceiro setor, incluindo aquele decorrente de atividade econômica secundária, deve ser reinvestido na manutenção e expansão de suas atividades finalísticas.

A caracterização de uma entidade sem fins lucrativos depende da forma jurídica adotada. Dentre elas, o ordenamento jurídico brasileiro prevê as associações, as fundações, os partidos políticos e as organizações religiosas. Mas, além da forma jurídica adequada, a ausência de finalidade lucrativa deve ser demonstrada materialmente pela efetiva aplicação dos recursos recebidos nas finalidades estatutárias da entidade.

Por isso, algumas leis explicitam as condições a serem seguidas para que uma pessoa jurídica de direito privado seja efetivamente considerada uma entidade sem fins lucrativos. É o caso da Lei nº 9.532, de 10 de dezembro de 1997, que define entidade sem fins lucrativos, para fins tributários, como aquela que não apresente *superávit* em contas ou, caso apresente, destine-o à manutenção do desenvolvimento do objeto social.[12]

Em sentido similar, a Lei nº 9.790, de 23 de março de 1999, que disciplina a qualificação de Organização da Sociedade Civil de Interesse Público – OSCIP, dispõe de modo um pouco mais analítico que entidade sem fim lucrativo é a pessoa jurídica que não distribui excedentes operacionais, bonificações ou participação patrimonial aos funcionários.[13] Na mesma toada, a Lei nº 13.019, de 31 de julho de 2014, prevê que se considera Organização da Sociedade Civil aquela que não distribui eventuais excedentes ou parcelas patrimoniais auferidos pelas atividades desempenhadas.[14]

Como se percebe, a finalidade não lucrativa configura requisito subjetivo a ser observado na forma de constituição e no dia a dia da entidade do terceiro setor.

---

[12] Art. 12 (...) §3º Considera-se entidade sem fins lucrativos a que não apresente superávit em suas contas ou, caso o apresente em determinado exercício, destine referido resultado, integralmente, à manutenção e ao desenvolvimento dos seus objetivos sociais (com redação dada pela Lei nº 9.718, de 1998).

[13] Art. 1º (...) §1º. Para os efeitos desta Lei, considera-se sem fins lucrativos a pessoa jurídica de direito privado que não distribui, entre os seus sócios ou associados, conselheiros, diretores, empregados ou doadores, eventuais excedentes operacionais, brutos ou líquidos, dividendos, bonificações, participações ou parcelas do seu patrimônio, auferidos mediante o exercício de suas atividades, e que os aplica integralmente na consecução do respectivo objeto social.

[14] Art. 2º (...) I - (...) a) entidade privada sem fins lucrativos que não distribua entre os seus sócios ou associados, conselheiros, diretores, empregados, doadores ou terceiros eventuais resultados, sobras, excedentes operacionais, brutos ou líquidos, dividendos, isenções de qualquer natureza, participações ou parcelas do seu patrimônio, auferidos mediante o exercício de suas atividades, e que os aplique integralmente na consecução do respectivo objeto social, de forma imediata ou por meio da constituição de fundo patrimonial ou fundo de reserva;

1.1.3.1 Lucro e *superávit*

A subsistência de uma entidade depende de que sua receita seja superior à sua despesa. Um dos principais desafios das instituições do terceiro setor no Brasil consiste exatamente na obtenção de recursos suficientes para garantir seu funcionamento. A receita das instituições do terceiro setor pode ser obtida de diversas formas, como doações privadas, repasses governamentais ou mesmo atividade econômica instrumental (como a venda de produtos ou cobrança por serviços). A obtenção de recursos não é apenas admitida, mas é necessária para a sobrevivência das instituições do terceiro setor. O dinheiro obtido deve, entretanto, ser integralmente aplicado nas finalidades da entidade.

O que não pode ocorrer, portanto, é a distribuição da receita obtida entre as pessoas envolvidas na atividade desempenhada pela entidade. A correta compreensão dos conceitos envolvidos ajuda a entender a questão. *Lucro* consiste na receita destinada a remunerar o capital investido, com distribuição entre os envolvidos. *Superávit* refere-se à diferença positiva entre receita e despesa, a ser aplicado nas próprias finalidades da entidade. A existência de uma entidade depende de sua saúde financeira e a busca por uma condição superavitária deve ser constante. O *superávit* terá caráter de lucro apenas quando for destinado à distribuição entre os envolvidos na atividade, o que não pode ocorrer nas instituições do terceiro setor. A distribuição dos valores excedentes, qualquer que seja a justificativa, é vedada às instituições do terceiro setor, conforme se depreende dos dispositivos colacionados.

Deve-se notar que a distribuição de lucro é característica própria das instituições do segundo setor, que podem se dedicar à exploração de atividades mercantis ou mesmo de atividades de relevância pública e interesse social. A título de ilustração, pode-se mencionar uma indústria de alimentos. A atividade de produção de alimentos é essencial para a sociedade e volta-se diretamente à garantia do direito fundamental à alimentação, previsto no artigo 6º da Constituição brasileira.[15]

O mesmo raciocínio aplica-se a um hospital privado, que explora lucrativamente um serviço voltado à garantia do direito fundamental à saúde (artigo 6º e 196 da Constituição Federal).[16] Nessa hipótese, o

---

[15] Art. 6º São direitos sociais a educação, a saúde, a alimentação, o trabalho, a moradia, o transporte, o lazer, a segurança, a previdência social, a proteção à maternidade e à infância, a assistência aos desamparados, na forma desta Constituição.

[16] Art. 196. A saúde é direito de todos e dever do Estado, garantido mediante políticas sociais e econômicas que visem à redução do risco de doença e de outros agravos e ao acesso universal e igualitário às ações e serviços para sua promoção, proteção e recuperação.

serviço é prestado a pacientes dispostos em pagar por ele um valor suficiente para arcar com seu custo adicionado do lucro dos investidores do negócio.

Em ambos os casos, a organização empresarial da atividade de produção de alimentos e de atendimento a doentes volta-se à remuneração do capital investido e à distribuição de lucros, tornando tais organizações integrantes do segundo setor.

1.1.3.2 Atividade econômica e finalidade econômica

Para garantir sua subsistência ou mesmo ampliar suas atividades, uma entidade do terceiro setor pode desenvolver atividade econômica diversa de sua atividade principal, como a prestação de serviços e a comercialização de bens mediante pagamento. Isso porque as instituições do terceiro setor podem desenvolver *atividade econômica*, sendo-lhes vedada apenas a atuação com *finalidade econômica*.

A diferença é simples: para a sua subsistência, com a aplicação de recursos na atividade principal, uma entidade do terceiro setor pode exercer atividades instrumentais desvinculadas de sua atividade-fim, voltadas à obtenção de recursos. Essas atividades instrumentais vão desde campanhas de obtenção de doações até atividades empresariais, como consultorias, treinamentos, pesquisas e venda de produtos.

Os requisitos a serem observados no desempenho de atividade econômica por uma entidade do terceiro setor são: (i) a atividade econômica não pode ser a principal atividade desenvolvida pela entidade; (ii) a receita decorrente da exploração da atividade econômica deve ser aplicada integralmente em sua missão institucional.

O que importa ter claro é que a atividade principal da entidade do terceiro setor deve corresponder a seu elemento objetivo ou material, qual seja, o desenvolvimento de atividades prestacionais ou promocionais de interesse público. Essa deve ser a atividade preponderante, de modo que qualquer outra atividade empresarial pelo terceiro setor apenas é admitida como instrumento de obtenção de recursos para tanto.

Esse tema é importante, pois não são raros os exemplos de entidades cujas atividades instrumentais tornam-se mais importantes do que a própria atividade-fim. Em tais casos, pode ocorrer desvio de finalidade, cuja consequência deve ser a caracterização da entidade como integrante do segundo setor, com aplicação do respectivo regime jurídico, em especial com a perda de eventuais incentivos financeiros e tributários.

1.1.3.3 Gratuidade e cobrança por serviços prestados

Além do desempenho de atividade econômica instrumental, desvinculada de sua atividade principal, as instituições do terceiro setor podem cobrar pela prestação de sua atividade-fim. Essa é outra maneira de financiamento da própria entidade, que não desvirtua seu caráter não lucrativo. Nessa perspectiva, deve-se ressaltar que a própria atividade principal de uma entidade do terceiro setor pode ser gratuita ou remunerada.

Como exemplo de atividade gratuita, pode ser citada a prestação de serviços de educação e assistência social a crianças em situação de risco no período do contraturno escolar; como exemplo de atividade remunerada pode ser mencionado uma escola filantrópica que cobra mensalidade de todos aqueles que possuem condições financeiras de arcar com despesas de estudo.

Deve-se ter em mente, portanto, que a gratuidade não é característica essencial das instituições do terceiro setor. Dependendo da natureza de sua atividade principal, é possível que uma entidade cobre das pessoas assistidas pela prestação de sua própria atividade-fim. Para isso é necessário que a cobrança não desvirtue a própria natureza da atividade e que a receita obtida seja reinvestida no objetivo principal da entidade.

1.1.3.4 Finalidade lucrativa e *mais-valia*

A ausência de finalidade lucrativa pode ser entendida também no sentido de não exploração do trabalho excedente do qual se apropria o detentor dos meios de produção.

Segundo tal entendimento, a distribuição de lucro não é o critério único para a classificação das instituições do terceiro setor, de modo que aquelas entidades que desenvolvem atividades econômicas com objetivo exclusivo de gerar renda para pessoas desfavorecidas devem ser consideradas também como instituições do terceiro setor.

De acordo com esse raciocínio, uma entidade do terceiro setor pode desenvolver exclusivamente atividade econômica, cobrar por tal atividade e distribuir resultado entre todos os associados. Isso porque é possível que uma entidade do terceiro setor seja criada com a finalidade principal de incluir determinadas pessoas no mercado de trabalho. Para tanto, a realização de atividade econômica com finalidade econômica (voltada ao benefício dessas pessoas) não desatende o requisito da ausência de finalidade lucrativa – já que os recursos obtidos são destinados às próprias pessoas atendidas pela entidade e não configuram remuneração pelo capital investido.

Essa linha de pensamento aproxima, como se verá adiante, a noção de terceiro setor à noção de economia solidária. A análise do critério da finalidade não lucrativa sob essa perspectiva amplia o rol de entidades integrantes do terceiro setor, incluindo em seu objeto algumas entidades de natureza cooperativa voltadas à inclusão de pessoas em desvantagem no mercado de trabalho, como é o caso de algumas cooperativas e das cooperativas sociais.

1.1.3.5 Remuneração de dirigentes

A remuneração de dirigentes das instituições do terceiro setor eleitos em Assembleia Geral ou reunião do Conselho Deliberativo foi historicamente objeto de intensas discussões no Brasil. Várias leis vedavam a remuneração por serviços prestados por dirigentes de Organizações não Governamentais – ONGs. O objetivo era evitar que essa remuneração configurasse distribuição disfarçada de lucros. A legislação mais recente, contudo, passou a permitir a remuneração de dirigentes pelos serviços de direção efetivamente prestados, obedecidos os padrões de mercado em entidades com atuação similar.

Nesse sentido, a Lei nº 13.151, de 28 de julho de 2015, deu nova redação ao artigo 12, §2º, alínea 'a' da Lei nº 9.532/97. A nova dicção legal passou a permitir expressamente a remuneração de dirigentes estatutários que atuem efetivamente na gestão executiva das instituições do terceiro setor, respeitados como limites máximos os valores praticados pelo mercado na região correspondente à sua área de atuação, devendo seu valor ser fixado pelo órgão de deliberação superior da entidade, registrado em ata.[17]

Deve-se notar, contudo, que a Lei nº 12.868, de 15 de outubro de 2013, havia incluído na própria Lei nº 9.532/97 uma série de condicionamentos para a fruição da imunidade e isenção tributárias de entidades que remunerem seus dirigentes estatutários. Dentre tais limitações constam (i) que a remuneração seja inferior, em seu valor bruto, a 70% (setenta por cento) do limite estabelecido para a remuneração de servidores do Poder Executivo federal; (ii) que nenhum

---

[17] Tal previsão foi mantida pela Lei nº 13.204, de 14 de dezembro de 2015, que alterou o artigo 12, §2º, alínea 'a', da Lei nº 9.532/97.

dirigente remunerado pode ser cônjuge ou parente até 3º (terceiro) grau, inclusive afim, de instituidores, sócios, diretores, conselheiros, benfeitores ou equivalentes da entidade; e (iii) que o total pago a título de remuneração para dirigentes, pelo exercício das atribuições estatutárias, deve ser inferior a 5 (cinco) vezes o valor correspondente ao limite individual referido.[18] Por fim, o mesmo diploma prevê expressamente que uma mesma pessoa possa ser remunerada em decorrência de um vínculo de dirigente estatutário somado a um vínculo empregatício para função diversa na mesma entidade, desde que haja compatibilidade de horário.

No que toca à vinculação dos valores a serem pagos aos dirigentes com o teto do funcionalismo público, as exigências incorporadas pela Lei nº 12.868/13 são incompatíveis com a redação dada pela Lei nº 13.151/15 e mantida pela Lei nº 13.204/15. Como visto anteriormente, a nova redação dada à Lei nº 9.532/97 por tais diplomas trouxe como balizamento à remuneração de dirigentes os valores praticados pelo mercado na região. A incompatibilidade é clara, pois o teto do funcionalismo não corresponde aos valores de mercado – podendo ser maior ou menor a depender da região. Nesse prisma, incide sobre a hipótese o parágrafo primeiro do artigo 2º do Decreto-Lei nº 4.657, de 4 de setembro de 1942, conhecido como Lei de Introdução às Normas do Direito Brasileiro – LINDB. Segundo tal dispositivo, a lei posterior revoga a anterior quando expressamente o declare, quando seja com ela incompatível ou quando regule inteiramente a matéria de que tratava a lei anterior.[19]

Não obstante o raciocínio jurídico acima traçado, deve-se mencionar que o tema é não é pacífico. Sobre o tema, a recente Lei Complementar nº 187, de 16 de dezembro de 2021, exige expressamente que as entidades detentoras do Certificado de Entidade Beneficente de Assistência Social – CEBAS (adiante tratado) observem

---

[18] Artigo 12, §4º e §5º da Lei nº 9.537/97, com redação dada pela Lei nº 12.868/13.

[19] Entende-se, nesse passo, que o tema não atrai a incidência do parágrafo segundo do mesmo dispositivo legal, que assim prevê: Art. 2º (...) §2º A lei nova, que estabeleça disposições gerais ou especiais a par das já existentes, não revoga nem modifica a lei anterior. Isso porque no caso em tela, o novo dispositivo legal é claro ao estabelecer um único limite legal à remuneração de dirigentes, qual seja, o padrão de mercado a mesma área e região. Além disso, deve-se ter em conta, na linha de tudo o que foi dito acima, que as entidades do terceiro setor não integram a Administração Pública e seus dirigentes não são agentes públicos, de modo que não estão sujeitos às sujeições trazidas pelo regime jurídico administrativo, como é o caso do teto de remuneração veiculado no artigo 37, inciso XI, da Constituição de 1988.

cumulativamente (i) os limites relativos à remuneração dos servidores do Poder Executivo federal e (ii) os valores praticados pelo mercado na região correspondente a sua área de atuação.[20]

Em conclusão, em que pese a discussão quanto à observância do teto do funcionalismo por entidades privadas, pode-se dizer que a evolução normativa sobre o tema tem sido salutar ao desenvolvimento do terceiro setor. A profissionalização exige que pessoas capacitadas exerçam suas atividades profissionais na direção de instituições do terceiro setor e sejam adequadamente remuneradas pelo seu trabalho. A remuneração de dirigentes pelo trabalho prestado, conforme padrão de mercado, não configura distribuição de lucro e não retira o caráter não lucrativo das instituições do terceiro setor.

1.2 Elemento objetivo ou material: as atividades do terceiro setor

As características subjetivas estudadas até agora – *personalidade de direito privado, voluntariedade, autonomia* e *ausência de finalidade lucrativa* – são próprias de todas as instituições do terceiro setor, mas não são suficientes para definir seu conceito sob a perspectiva objetiva ou material. Isso porque tais características servem especialmente para separar o terceiro setor das entidades pertencentes ao Estado e ao mercado. Contudo, um conceito de terceiro setor que acolha todas as entidades não estatais e não mercadológicas é significativamente amplo, abrangendo em uma mesma categoria uma gama de entidades muito diversas entre si.

Como dito, a análise do terceiro setor apenas pela perspectiva de seu elemento subjetivo traz um conceito residual e negativo de terceiro setor, segundo o qual este é composto por entidades que não fazem parte do Estado e tampouco do mercado. Essa noção é útil, mas insuficiente para expressar a real natureza das entidades que integram o terceiro setor.

Nesse condão, a análise do elemento material ou objetivo do conceito de terceiro setor busca encontrar, além dos requisitos subjetivos que o afastam do Estado e do mercado, caracteres objetivos ou materiais próprios de suas entidades. Essa perspectiva de análise do terceiro setor

---

[20] Sobre o tema, conferir o artigo 3º, inciso I, e parágrafo 1º da Lei Complementar nº 187/21.

foi proposta por Paulo Modesto, que associou o sentido objetivo do terceiro setor à prestação de serviços de relevância pública.[21]

Importa destacar, nesse plano, que os caracteres objetivos do terceiro setor vinculam-se à *finalidade pública* a que são direcionadas todas as instituições do terceiro setor. Daí decorre que o terceiro setor pode ser também denominado de *setor público não estatal* – no sentido de que sua natureza é privada, mas sua finalidade é pública.

Conforme pensamento do autor em trabalho específico sobre o tema, deve-se ressaltar que as grandes dicotomias do pensamento moderno, como público/privado e Estado/sociedade não possuem atualmente nítida delimitação. Nem todas as ações públicas são estatais e nem todas as ações da sociedade são privadas.[22]

Privado, mas sem fins lucrativos; não estatal, mas público: esse é o terceiro setor. Um conceito que rompe o paradigma binário de análise dos fenômenos sociais, inclusive pelas lentes do Direito. Como sustentou o constitucionalista português Vital Moreira, o terceiro setor consiste em um *setor intermediário* entre o Estado e o mercado, entre o público e o privado, compartilhando alguns traços de cada um deles.[23] A ilustração que melhor define o conceito de terceiro setor insere-o entre o Estado e o mercado:

ORIGEM				FINALIDADE
ESTADO	-	**ESTADO**	-	**PÚBLICA**
SOCIEDADE	-	**TERCEIRO SETOR**	-	**PÚBLICA**
SOCIEDADE	-	**MERCADO**	-	**PRIVADA**

---

[21] MODESTO, Paulo. Reforma do Estado, formas de prestação de serviços ao público e parcerias público-privadas: demarcando as fronteiras do conceito de serviço público, de serviços de relevância pública e de serviços de exploração econômica para as parcerias público privadas. *In*: SUNDFELD, Carlos Ari (Org.). *Parcerias Público-Privadas*. São Paulo: Malheiros: 2005, p. 433-486.

[22] Sobre as noções de privatização, publicização e estatização, consultar: MÂNICA, Fernando B.; MENEGAT, Fernando. *Teoria Jurídica da Privatização:* Fundamentos e técnicas de coordenação público-privada no Direito brasileiro. Rio de Janeiro: Lumen Juris, 2017.

[23] MOREIRA, Vital; MAÇAS, Maria Fernanda. *Autoridades reguladores independentes*. Coimbra Editora, 2003.

Sob o prisma objetivo ou material, o terceiro setor não se encontra topograficamente acima ou abaixo, antes ou depois dos demais setores. Ainda que sua denominação traga a ideia de um elemento subsequente aos outros dois, o terceiro setor deve ser alocado em posição intermediária, formado por um conjunto de entidades com algumas características formais tipicamente privadas (personalidade de direito privado, voluntariedade, autonomia e ausência de fins lucrativos), bem como uma característica material tipicamente estatal (a finalidade pública). Ainda que o terceiro setor seja formado por uma ampla e diversificada gama de entidades com algumas características subjetivas em comum, existe um traço material comum a todas elas, referente à finalidade pública de sua atuação.

Nesse prisma, é possível perceber que dentro do universo mais amplo de terceiro setor em sentido subjetivo, que corresponde ao conjunto de pessoas jurídicas de direito privado, voluntárias e sem fins lucrativos, apenas fazem parte do terceiro setor em sentido material ou objetivo aquelas entidades que desenvolvem atividades de interesse público.

1.2.1 Interesse mútuo e interesse público

Nem todas as entidades sem fins lucrativos têm como objetivo atender ao interesse público. Muitas delas são criadas com o objetivo de proporcionar a consecução dos interesses privados de seus próprios membros. É o caso das entidades que defendem os interesses de determinada corporação (como empregados, empregadores, empresários e servidores públicos), dos clubes recreativos (que proporcionam a prática de esporte e lazer por seus associados) e dos grêmios literários (que possibilitam o estudo e discussão de obras literárias). Todas essas entidades possuem as características subjetivas do terceiro setor, mas apesar de demonstrarem inegável importância social, não atuam diretamente em prol do interesse público. O interesse por elas almejado é o interesse próprio de seus membros, de modo que sua finalidade possui *natureza endógena*. Por esse motivo, tais entidades são denominadas entidades de *benefício mútuo* ou *coletivo* ou ainda *entidades corporativas*.

De modo diverso, as *entidades de benefício público* possuem *natureza exógena*. Os benefícios decorrentes de sua atuação não são restritos a um grupo fechado de pessoas, mas abertos a toda a coletividade.

Isso acontece em duas hipóteses: (i) quando a atuação da entidade atua em prol de pessoas não integrantes de seus próprios quadros, e (ii) quando os benefícios são direcionados aos integrantes da entidade, mas não há limitação ou condicionamento anti-isonômico para o ingresso de novos membros em seus quadros sociais.

Em qualquer das hipóteses, o rol de beneficiários de suas prestações é aberto, podendo ser delimitado exclusivamente com base em critérios de razoabilidade e isonomia. Afinal, não é viável que todas as instituições do terceiro setor tenham de oferecer serviços de maneira universal. Nesse passo, uma entidade que tenha como objetivo concretizar direitos fundamentais apenas a seus associados, mas que permita a associação de todas as pessoas interessadas, deve ser considerada como uma entidade de benefício público, integrante do terceiro setor. A questão, portanto, deve ser resolvida com base nos critérios de admissão do público-alvo. Se houver restrições incompatíveis com a razoabilidade e isonomia, a entidade terá finalidade circunscrita ao benefício mútuo e não integrará o terceiro setor (em sentido objetivo ou material).

Dessa forma, a partir das características materiais ou objetivas, é possível perceber que o conceito de terceiro setor construído com fulcro em seu elemento subjetivo é mais amplo do que o conceito de terceiro setor decorrente de seu elemento objetivo. De modo gráfico:

ELEMENTO SUBJETIVO:

TERCEIRO SETOR
(em sentido amplo)

ELEMENTO OBJETIVO:

ENTIDADES CORPORATIVAS DE BENEFÍCIO MÚTUO

ENTIDADES DE BENEFÍCIO PÚBLICO
(terceiro setor em sentido estrito)

Esse entendimento rompe com a própria classificação tríplice entre Estado, mercado e terceiro setor, pois implica definir nova localização para as entidades corporativas de benefício mútuo. Se não pertencem ao terceiro setor (em sentido estrito), é necessário definir sua localização nesse novo quadro classificatório.

A primeira resposta a tal indagação pode ser encontrada em uma análise mais detalhada da utilização da finalidade lucrativa como critério para a classificação de entidades no segundo setor. Essa análise parte do seguinte entendimento: se determinada entidade não possui fins lucrativos – ou seja, não permite a distribuição de lucro financeiro – mas atua em benefício exclusivo de seus membros, ela deve ser qualificada como entidade do segundo setor. Isso porque, ainda que não tenha como objetivo a distribuição do resultado financeiro obtido em face de suas atividades, tais entidades são criadas e mantidas com o mesmo interesse das entidades do segundo setor: a satisfação do interesse pessoal. Nesse modelo, a organização das entidades em setores teria a seguinte estrutura gráfica:

ESTADO – FINALIDADE PÚBLICA – PRIMEIRO SETOR

SOCIEDADE CIVIL – FINALIDADE LUCRATIVA – SEGUNDO SETOR
SOCIEDADE CIVIL – FINALIDADE CORPORATIVA – SEGUNDO SETOR

SOCIEDADE CIVIL – FINALIDADE PÚBLICA – TERCEIRO SETOR

Outra resposta possível à necessidade de se classificar as entidades de benefício mútuo fora do terceiro setor conduz ao reconhecimento de uma nova esfera de entidades, que poderia ser denominada de *quarto setor*. Esse quarto setor seria formado pelo conjunto de pessoas jurídicas de direito privado, voluntárias, autônomas e sem fins lucrativos, voltadas à defesa e promoção de interesses de seus próprios membros. A finalidade corporativa afasta essas entidades daquelas de benefício público, de modo que o quadro seria o seguinte:

ESTADO – FINALIDADE PÚBLICA – PRIMEIRO SETOR

SOCEIDADE CIVIL – FINALIDADE LUCRATIVA – SEGUNDO SETOR

SOCIEDADE CIVIL – FINALIDADE PÚBLICA – TERCEIRO SETOR

SOCIEDADE CIVIL – FINALIDADE CORPORATIVA – QUARTO SETOR

Independente da resposta que se adote, é importante ter em mente que toda classificação implica uma redução que limita e simplifica a realidade com o objetivo de facilitar sua compreensão. Ao simplificar o sistema social em três setores, as ciências sociais tiveram o mérito de trazer o terceiro setor para o palco de investigações, as quais se encontravam deitadas majoritariamente sobre o Estado e o mercado. Não obstante, nesse período de desenvolvimento científico e social, a noção de terceiro setor consolidou-se, de modo que é possível e necessário adotar uma definição positiva e restrita da expressão, que dê conta de sua realidade multifacetada e que exclua entidades de natureza flagrantemente diversas. Por isso, é importante a análise das características que compõem o elemento material ou objetivo do conceito de terceiro setor.

1.2.2 Interesse público e interesse estatal

A delimitação da finalidade pública como critério de definição das instituições do terceiro setor traz alguma dificuldade. Isso porque não é simples a comprovação material do cumprimento de uma finalidade pública. Para tanto, costuma-se dizer que uma entidade possui finalidade pública quando suas atividades buscam satisfazer o *interesse público*. Mas a própria definição do que venha a ser interesse público não é simples e merece algumas considerações.

As transformações pelas quais passou o Estado, por meio das declarações de direitos dos séculos XVII e XVIII, promoveram a substituição do *interesse do monarca*, típico do Estado absolutista, pelo *interesse público*, típico do Estado liberal de Direito. Nessa noção moderna de interesse público, a vontade pessoal do rei foi substituída pela vontade de todos, que passou a ser sintetizada pela lei. A lei passou a ser tida como síntese do interesse de todos. Entretanto, como assinala Massimo Giannini, nesse modelo de Estado a participação popular no processo de elaboração da lei era restrita a um pequeno grupo de pessoas. O interesse representado pela lei não refletia, portanto, o interesse de todos, mas um interesse de um grupo que participava do processo eleitoral e legislativo. O *interesse público* nesse período era homogêneo, correspondia ao *interesse do Estado* e refletia o interesse veiculado pela lei, que era resultado da participação de pequena parcela da população.[24]

---

[24] GIANNINI, Massimo Severo. *Il Publico Potere*: Stati e Amministrazioni Publiche. Bolonha: Il Mulino, 1986, p. 35 e seguintes.

Com a ampliação do processo democrático, a participação de diferentes extratos sociais na formação da lei fez com que a lei passasse a consagrar valores de diversas ordens, muitas vezes contrapostos entre si e reconhecidos pelo próprio Estado. Além disso, a velha noção de interesse público, correspondente ao interesse do Estado, deixou de ser absoluta na medida em que surgiram interesses burocráticos e corporativos defendidos no âmbito interno da própria estrutura estatal, e que na maioria das vezes apresentavam-se diversos e opostos aos interesses da sociedade. Essa distinção entre *interesse público* e *interesse estatal* foi denunciada por Renato Alessi, quando diferenciou o interesse público geral, denominado de *interesse público primário*, do interesse meramente estatal, dito *interesse público secundário*.[25]

Com a ampliação da participação democrática para todos os extratos sociais, o mecanismo de participação política tornou-se insuficiente para a definição do interesse público e a lei deixou de ser seu resultado concreto. Assim, o interesse público deixou de ser refletido em sua integralidade no âmbito político, por meio da participação direta ou indireta dos cidadãos mediante mecanismos de democracia política, para se tornar o interesse defendido pelos mais diversos setores organizados da sociedade, os quais mais rapidamente captam e sintetizam interesses sociais.

Essa participação social é importante na medida em que a lei, por não representar o interesse de uma única classe, não tem condições de definir *a priori* qual deve ser o interesse público a predominar em cada caso concreto. Nesse contexto, é extremamente importante a atuação do terceiro setor na defesa de interesses que muitas vezes são comungados por parte da sociedade, mas não são reconhecidos ou observados pelo próprio Estado.

1.2.3 Interesse público e direitos fundamentais

No plano jurídico, dada a dificuldade atual de delimitação do conceito de interesse público, pela multiplicidade de instâncias sociais e de ideais defendidos pela população, o critério para definição objetiva ou material de uma entidade do terceiro setor deve residir em sua atuação voltada aos direitos fundamentais.

---

[25] ALESSI, Renato. *Sistema Istituzionale del Diritto Amministrativo Italiano*. Milano: Antonio Giufrè Editore, 1953.

Trata-se, nesse plano, de atuação que busca tanto reconhecimento de direitos humanos pelos ordenamentos jurídicos nacionais, transformando-os em direitos fundamentais; quanto a concretização dos direitos fundamentais já consagrados pelas Constituições e leis nacionais.

Nessa medida, a atuação das instituições do terceiro setor exerceu e ainda exerce grande influência sobre o conteúdo dos direitos fundamentais. Tanto isso é verdade que para Norberto Bobbio os direitos fundamentais são direitos históricos, decorrentes da luta da sociedade em defesa de novas liberdades e da garantia daquelas já consolidadas.[26] Algumas instituições do terceiro setor têm como objetivo exatamente fazer com que interesses captados na sociedade civil sejam reconhecidos e respeitados pelo Estado.

Em outras palavras, a atuação do terceiro setor é voltada à garantia, defesa e promoção de direitos, os quais podem ser considerados *interesse público* na medida em que corresponderem aos direitos fundamentais. Assim, se uma entidade defende determinado direito ou presta determinado serviço vinculado aos direitos fundamentais, ela busca a consecução do interesse público e, consequentemente, faz parte do terceiro setor.

A atuação das instituições do terceiro setor deve ser atrelada, portanto, à promoção e defesa de qualquer dos direitos fundamentais, os quais, por seu caráter histórico, podem ser classificados em gerações ou dimensões.

Os direitos fundamentais de *primeira dimensão* possuem caráter individualista e referem-se a uma abstenção do Estado; dele fazem parte os direitos à vida, à liberdade, à propriedade, à igualdade, à participação política, entre outros direitos que passaram a ser referidos genericamente como direitos civis e direitos políticos. Na *segunda dimensão* encontram-se os direitos sociais, culturais e econômicos – como os direitos à saúde, à educação, ao trabalho, à assistência social, à moradia, à alimentação, ao lazer, ao desporto – cuja concretização depende, em regra, de uma intervenção positiva, por isso são também conhecidos por sua natureza prestacional. Os direitos fundamentais de *terceira dimensão* expressam valores atinentes à solidariedade e à fraternidade, de forma que se consideram dessa dimensão os direitos relativos ao desenvolvimento, ao combate às desigualdades, à

---

[26] BOBBIO, Norberto. *A era dos direitos*. Trad. Carlos Coutinho. Rio de Janeiro: Campus, 1992. p. 130.

erradicação da pobreza, à autodeterminação dos povos, à paz, ao meio ambiente e à qualidade de vida, à conservação e utilização do patrimônio histórico e cultural da humanidade e à comunicação. Alguns autores mencionam ainda direitos de *quarta dimensão*, como o direito à democracia, à república, à informação e ao pluralismo.[27] Tanto a oferta de atividades prestacionais voltadas à garantia dos direitos fundamentais a quem deles necessite quanto a pressão para que o Estado, o mercado e os cidadãos reconheçam e respeitem os direitos fundamentais de todas as dimensões constituem finalidade essencial das instituições do terceiro setor.

Deve-se anotar, portanto, que, além dos requisitos subjetivos, a vinculação aos direitos fundamentais consiste no critério material ou objetivo a ser levado em conta para a classificação de uma entidade como do terceiro setor. Tal vinculação deve ser verificada mediante análise concreta e não meramente formal de atuação da entidade.

Em alguns casos, especialmente naqueles em que determinada entidade desenvolve mais de uma atividade, não se demonstra simples a aferição. E nem poderia, pois o rompimento da dicotomia público e privado, comprovada pela emergência do terceiro setor, implicou também a quebra definitiva da delimitação rígida entre os setores sociais, as esferas econômicas e os ramos jurídicos.

De todo modo, no ordenamento jurídico brasileiro, há dois dispositivos legais em vigência que buscam relacionar as atividades que denotam a busca pelo interesse público na atuação do terceiro setor. Trata-se do artigo 3º da Lei nº 9.790/99, conhecida como Lei das OSCIP, e do artigo 84-C da Lei nº 13.019/14, conhecida como Lei das OSC. Ambos os dispositivos legais fazem referência exatamente às mesmas atividades, quais sejam:

- promoção da assistência social;
- promoção da cultura, defesa e conservação do patrimônio histórico e artístico;
- promoção da educação;
- promoção da saúde;
- promoção da segurança alimentar e nutricional;

---

[27] Sobre o tema: ALEXY, Robert. *Teoría de los Derechos Fundamentales*. Trad. Carlos B. Pulido. 2. ed. Madrid: Centro de Estudios Políticos y Constitucionales, 2007. BOBBIO, Norberto. *A era dos direitos*. Trad. Carlos Coutinho. Rio de Janeiro: Campus, 1992. BONAVIDES, Paulo. *Curso de direito constitucional*. 13. ed. São Paulo: Malheiros, 2003. PEREZ LUÑO, Antonio-Enrique. *Los Derechos Fundamentales*. 6. ed. Madrid: Tecnos, 1995.

- defesa, preservação e conservação do meio ambiente e promoção do desenvolvimento sustentável;
- promoção do voluntariado;
- promoção do desenvolvimento econômico e social e combate à pobreza;
- experimentação, não lucrativa, de novos modelos socioprodutivos e de sistemas alternativos de produção, comércio, emprego e crédito;
- promoção de direitos estabelecidos, construção de novos direitos e assessoria jurídica gratuita de interesse suplementar;
- promoção da ética, da paz, da cidadania, dos direitos humanos, da democracia e de outros valores universais;
- organizações religiosas que se dediquem a atividades de interesse público e de cunho social distintas das destinadas a fins exclusivamente religiosos;
- estudos e pesquisas, desenvolvimento de tecnologias alternativas, produção e divulgação de informações e conhecimentos técnicos e científicos que digam respeito às atividades acima mencionadas.

Nesse plano, ainda que não seja possível delimitar os modos de consecução dos direitos fundamentais, o ordenamento jurídico pátrio traz uma série de atividades, as quais materializam, indene de dúvidas, tais direitos. Sem prejuízo de outras, em tais hipóteses, resta evidenciada a finalidade pública das instituições do terceiro setor.

1.2.4 Modos de atuação do terceiro setor

Como afirmado antes, atividades de interesse público são todas aquelas operações desenvolvidas com vista à concretização de direitos fundamentais. Trata-se de um universo bastante amplo de atividades materiais, não passíveis de delimitação apriorística.

Nessa perspectiva, deve-se ressaltar que a impossibilidade de definição precisa das áreas de atuação do terceiro setor faz parte de sua própria natureza, que veio romper com as separações, categorias e modelos rígidos de ação social. Essa fluidez decorre da abstração e maleabilidade dos próprios direitos fundamentais, entendidos pela teoria jurídica como normas principiológicas, desprovidas de conteúdo aferível *in abstracto*. Assim, além de os próprios direitos fundamentais serem construídos historicamente e desprovidos de rigidez conceitual, deve-se ter em conta que sua concretização também é objeto de constantes transformações, mediante a aplicação de novas tecnologias de ação social.

Esse cenário faz com que algumas leis brasileiras tragam expressamente em seu texto um rol taxativo de atividades cujo desempenho possibilita a qualificação estatal de uma entidade do terceiro setor. É o que ocorre, por exemplo, com a Lei nº 9.637, de 15 de maio de 1998, que prevê a certificação federal de Organização Social – OS; com a Lei nº 9.790, de 23 de março de 1999, que trata do título de OSCIP; e com a já referida Lei Complementar nº 187, de 12 de dezembro de 2021, que disciplina o Certificado de Entidade Beneficente de Assistência Social – CEBAS.[28]

A legislação que prevê a outorga de títulos, certificados e qualificações, no Brasil, tem como um de seus objetivos descrever áreas específicas de atuação e requisitos formais a serem obedecidos para que uma entidade sem fins lucrativos tenha reconhecida sua utilidade pública. Não por outro motivo é que a primeira certificação instituída no Brasil ao terceiro setor tem exatamente esse nome – Título de Utilidade Pública – TUP.[29]

Pode-se dizer, nesse condão, que as leis citadas definem *in concreto* algumas áreas específicas de atuação signo-presuntivas de interesse público. A atuação em tais áreas possibilita o reconhecimento estatal das respectivas entidades, por meio de títulos que atestam o pertencimento de tais entidades ao conceito terceiro setor (em sentido material ou objetivo). Isso não significa, contudo, que as áreas de atuação do terceiro setor estejam restritas àquelas previstas pela legislação que trata de títulos, certificados e qualificações. Afinal, como dito anteriormente, a atuação do terceiro setor tem como objeto todas as atividades voltadas à concretização dos direitos fundamentais, independentemente de qualquer lei ou reconhecimento estatal.

Assim, o interesse público que qualifica as áreas de atuação das instituições do terceiro setor apenas pode ser aferido no plano concreto mediante sua vinculação aos direitos fundamentais. Já os modos de atuação das instituições do terceiro setor, com vistas à consecução do interesse público, podem ser classificados conforme a natureza de seu vínculo ao direito fundamental a ser concretizado.

---

[28] A Lei Complementar nº 187/21 revogou a Lei Ordinária nº 12.101/09, que regulamentava a concessão do CEBAS, bem como os requisitos para fruição da imunidade tributária a contribuições para a seguridade social.

[29] O título de Utilidade Pública Federal foi instituído pela Lei nº 91/35 e revogado pela Lei nº 13.204/15.

Esse vínculo pode ser *prestacional*, nos casos em que o terceiro setor oferta serviços voltados à garantia de direitos, ou *promocional*, nas hipóteses em que o terceiro setor promove/defende o reconhecimento/ respeito aos direitos fundamentais. Além disso, como forma de viabilizar tais atividades prestacionais ou promocionais, o terceiro setor também pode desenvolver *atividades instrumentais*, entendidas como aquelas necessárias à própria sobrevivência da entidade.

1.2.4.1 Atividade prestacional

Grande parte das instituições do terceiro setor presta serviços de utilidade pública, entendidos como o conjunto de prestações oferecidas à população como meio de garantia de um direito fundamental. Os serviços de utilidade pública prestados pelas instituições do terceiro setor abrangem tanto os *serviços de relevância pública* quanto os *serviços públicos sociais*.

1.2.4.1.1 Serviços de relevância pública

Serviço de relevância pública é aquele cuja prestação volta-se à concretização de direitos fundamentais e em relação aos quais o Estado assume o dever de promoção.[30] O ordenamento brasileiro não traz uma relação taxativa dos serviços de relevância pública, de modo que seu reconhecimento é feito a partir de sua vinculação aos direitos fundamentais, em especial àqueles de caráter social relacionados no artigo 6º da Constituição de 1988.[31] Assim sendo, todas as atividades econômicas ou sociais instrumentais à garantia de um direito social podem ser qualificadas, independentemente de qualquer ato formal, como serviços de relevância pública.

Pode-se relacionar, nessa perspectiva, como de relevância pública os serviços prestados pelo terceiro setor em áreas como a cultura, a alimentação, o trabalho, a moradia, o lazer e a proteção à maternidade e à infância. Em relação a nenhum desses direitos o Estado tem dever de

---

[30] A expressão *serviços de relevância pública* é mencionada pelo artigo 129, inciso II, e artigo 197 da Constituição de 1988, para se referir aos serviços de saúde e para delimitar o rol de atribuições do Ministério Público.

[31] Art. 6º São direitos sociais a educação, a saúde, a alimentação, o trabalho, a moradia, o transporte, o lazer, a segurança, a previdência social, a proteção à maternidade e à infância, a assistência aos desamparados, na forma desta, Constituição.

prestação, sendo que a atuação estatal, quando existente, corresponde ao incentivo e fiscalização de sua execução privada.

1.2.4.1.2 Serviços públicos sociais

Serviço público social é aquele em relação ao qual a Constituição atribui ao Estado o dever de prestação. Isso porque, em relação a alguns direitos sociais, a Constituição foi além da previsão do mero incentivo (como no caso dos serviços de relevância pública), atribuindo ao Estado o dever de prestar o próprio serviço à população (diretamente ou em parceria com a iniciativa privada). É o caso da educação, saúde, transporte,[32] segurança,[33] previdência social e assistência aos desamparados.

Essa análise permite perceber que as parcerias do Estado com o terceiro setor podem instrumentalizar tanto o *incentivo estatal* a serviços de relevância pública (submetidos originalmente ao regime tipicamente privado) quanto o *trespasse estatal* da prestação de serviços públicos sociais (sujeitos originalmente ao regime tipicamente público).

1.2.4.2 Atividade promocional: defesa, construção e difusão de direitos

Além da prestação de serviços, outra importante modalidade de atuação do *terceiro setor* consiste na defesa de direitos estabelecidos, a construção de novos direitos e a difusão de teorias e práticas em torno de temas ligados aos direitos fundamentais. Tais atividades são conhecidas como *advocacia* ou *advocacy*, atividade que implica o exercício de mobilização e pressão em face do Estado e de outros atores sociais, com o objetivo de obter o reconhecimento e a garantia de direitos. Essa atividade promocional do terceiro setor se materializa sob as mais diversas formas de atuação, muitas das quais inovadoras e contestadoras da ordem vigente, objetivando alterar o próprio direito positivo.

---

[32] O transporte foi incluído como direito social pela Emenda Constitucional nº 90/15, como resultado de manifestação de rua contra o aumento das tarifas de transporte público municipal e intermunicipal em todo o país. A garantia desse direito depende de serviços públicos passíveis de exploração econômica, razão pela qual não se cogita sua prestação autônoma pelo terceiro setor.

[33] Ainda que relacionado no artigo 6º da Constituição, o direito à segurança envolve o exercício do poder, razão pela qual não se admite sua prestação exclusiva pelo terceiro setor.

A liberdade de escolha dos mecanismos de ação configura importante característica do terceiro setor que o difere da atuação estatal. O terceiro setor representa, assim, ampliação dos mecanismos de atuação democrática, que deixam de residir exclusivamente no âmbito político para permear toda a sociedade. Trata-se de uma das manifestações da *democracia participativa*. Daí dizer-se que tanto mais forte e mais democrática uma sociedade, e consequentemente um Estado, quanto mais organizado o terceiro setor.[34]

Fica evidente, nesses casos, a existência de possíveis confrontos entre o interesse estatal e o interesse (público) defendido pelas instituições do terceiro setor, já que nem sempre há o reconhecimento legal e o respeito social por parte do Estado e da própria sociedade aos direitos fundamentais. Essa é uma das questões fundamentais da democracia no século XXI: oferecer canais formais e informais de manifestação de ideias que, eventualmente, contrariam o pensamento predominante em determinado momento histórico, mas reforçam um dado direito fundamental ainda não consagrado ou devidamente respeitado.

Grande parte das entidades que atuam na defesa, na promoção e na construção de novos direitos mantém independência em relação a estruturas oficiais de poder estatal, com o objetivo de garantir sua total liberdade para agir de modo a mobilizar a sociedade e pressionar o Estado por mudanças legislativas e institucionais. Com mais agilidade para captar as demandas sociais, processá-las e organizá-las, esse grupo de instituições do terceiro setor tem assumido importante papel no desenvolvimento do Estado brasileiro.

Nessa trilha, tem proliferado no Brasil uma série de entidades voltadas a fortalecer a democracia, a república e outros valores relacionados à ética, transparência, moralidade e eficiência na aplicação de recursos públicos. São entidades promotoras de direitos e que se somam às instituições formais de controle da atividade administrativa, legislativa e jurisdicional. Nesse contexto, a atividade de controle e

---

[34] No livro 'A democracia na América', Alexis Tocqueville compara a democracia na América do Norte e na América do Sul. Para o autor, nos EUA, em sua formação originária, teria se desenvolvido forte participação política fora do Estado, dado o processo de associativismo. Diferentemente da América do Sul, na qual as políticas eram integralmente providas pelo Estado, nos EUA a população supria suas próprias demandas com as associações, criando, com isso, um grau maior de consciência da vivência de um sistema democrático. Sobre o tema: TOQUEVILLE, Alexis de. *Democracia na América*. Trad. Neil R. da Silva. 4. ed. Belo Horizonte: Itatiaia, 1998.

fiscalização do Estado e das próprias instituições do terceiro setor tem sido promovida pelo próprio terceiro setor, que age por meio da obtenção, sistematização e divulgação de informações relacionadas ao trato da coisa pública.

Não é possível ao terceiro setor exercer a *atividade administrativa ordenadora*, com a imposição de sanções em face do descumprimento de deveres por quem quer que seja, mas é possível o exercício de atividades como a vigilância e a denúncia de eventuais irregularidades. Tais atividades encontram-se inseridas no âmbito da *advocacy* e possuem evidente *caráter promocional*, na medida em que incentivam, estimulam e defendem o respeito a direitos fundamentais relacionados ao princípio republicano.

Nessa área de atuação, deve-se ressaltar que o Direito brasileiro prevê a legitimidade processual para que instituições do terceiro setor promovam em juízo ações com o objetivo de defender o interesse público, em especial a Lei nº 7.347, de 24 de julho de 1985, que disciplina a Ação Civil Pública. Nos termos da lei, podem ajuizar medida judicial entidades que defendam direitos relacionados ao patrimônio público e social, ao meio ambiente, ao consumidor, à ordem econômica, à livre concorrência, aos direitos de grupos raciais, étnicos ou religiosos ou ao patrimônio artístico, estético, histórico, turístico e paisagístico. Trata-se de importante instrumento de ação das instituições do terceiro setor que exercem a defesa e promoção de direitos.

Por fim, a atividade promocional do terceiro setor é também exercida pelas entidades que atuam de modo a dar suporte a outras entidades de finalidade pública. Nessa esfera de atuação não há efetiva prestação de serviços de interesse público, mas a realização de atividades que favorecem outro grupo de entidades (ou mesmo de pessoas) que o fazem. Nesse grupo encontram-se grandes ONGs nacionais e internacionais, responsáveis pela proliferação de instituições do terceiro setor localizadas em regiões menos desenvolvidas do globo. Essas ONGs que apoiam e financiam iniciativas sociais compõem o terceiro setor na medida em que têm como finalidade a promoção de entidades e projetos vinculados à defesa dos direitos fundamentais. Trata-se da defesa e promoção de direitos, na medida em que o direito à criação de instituições do terceiro setor consiste em um direito fundamental.[35] Tal compreensão revela-se verdadeira na medida em

---

[35] A Constituição brasileira prevê, nesse sentido, como direito individual relacionado no artigo 5º, a liberdade de associação e a vedação à interferência estatal em seu funcionamento.

que o terceiro setor tem se consolidado como ator social imprescindível ao desenvolvimento social e humano em todos os Estados sociais e democráticos do mundo.

1.2.4.3 Atividades instrumentais

As atividades instrumentais correspondem a todo o conjunto de operações realizadas para a sobrevivência de uma entidade do terceiro setor, das quais depende a realização da atividade prestacional ou promocional que justifica sua existência. Esse conjunto de atividades pode ser classificado em *atividades de gestão* e *atividades financeiras*.

1.2.4.3.1 Atividades de gestão

As *atividades instrumentais de gestão* referem-se à compra e venda de bens, contratação de obras e de serviços, manutenção de equipamentos, gestão de recursos humanos e de patrimônio e, muitas vezes, organização de documentos para prestação de contas a órgãos de controle e fiscalização. Tais atividades são imprescindíveis para que a entidade tenha condições de executar adequadamente seu objeto social, voltado à consecução do interesse público.

De modo ainda mais específico, são também instrumentais atividades como a contratação de profissional para elaborar o *site* da entidade, do assessor de imprensa, do advogado, do contador, do *compliance officer*, do jardineiro, do pintor; a compra de toner para a impressora, de combustível, de passagem aérea, de inscrições em congresso e cursos de aperfeiçoamento de pessoal; a reforma da sede administrativa, a construção de novos locais para prestação dos serviços; a realização de processos de contratação, organização de documentos, elaboração de reposta a requerimentos de entes estatais de fiscalização e controle. Enfim, para a existência uma pessoa jurídica que volta seus esforços para determinada finalidade, quanto mais estruturada e mais eficiente for o desempenho de sua missão institucional, mais atividades instrumentais tende a realizar.

1.2.4.3.2 Atividades financeiras

As *atividades instrumentais de caráter financeiro* abrangem todas as operações desvinculadas das atividades finalísticas da entidade e que possuem como objetivo a obtenção de recursos voltados ao financiamento de seu objeto social. São classificadas como atividades instrumentais financeiras, nesse plano, o desenvolvimento de atividades econômicas secundárias, como a venda de produtos e de serviços, campanhas de arrecadação de recursos, elaboração de projetos voltados para a obtenção de doações e patrocínios, e todas as formas por meio das quais as instituições do terceiro setor buscam captar recursos para manter ou ampliar sua atuação prestacional ou promocional.

1.3 Elemento formal: o regime jurídico do terceiro setor

O elemento formal do conceito de terceiro setor corresponde ao conjunto de regras e princípios que disciplinam a existência, a criação, as finalidades, a organização, o controle e a celebração de parcerias pelo terceiro setor. Trata-se, portanto, do regime jurídico que disciplina um conjunto de atividades específicas (terceiro setor em sentido objetivo ou material) prestadas por entidades específicas (terceiro setor em sentido subjetivo). Dessa junção, tem-se o elemento formal do terceiro setor, denominado simplesmente de Direito do Terceiro Setor.

É evidente que não existe um regime jurídico absolutamente homogêneo para todas as entidades e atividades do terceiro setor. Afinal de contas, como já assinalado, essa esfera de atuação social é bastante variada, contém inciativas multifacetadas que se voltam à consecução dos diversos direitos fundamentais, muitos dos quais colidentes entre si. De todo modo, ao passo que o terceiro setor rompe a divisão binária do público e do privado, ele traz consigo um conjunto de regras dotadas de certa racionalidade, integrantes de vários ramos do Direito, que formam o Direito do Terceiro Setor.

Nessa perspectiva, insta ressaltar que o terceiro setor é marcado pelo espaço de liberdade e inovação no qual os agentes da sociedade civil, organizados sob a forma de pessoas jurídicas de direito privado, voluntárias, autônomas e sem fins lucrativos, voltam seus esforços para a consecução de atividades de interesse público. Isso ocorre tanto pela prestação de serviços de relevância pública ou de serviços públicos sociais quanto pela defesa de direitos estabelecidos e promoção de novos direitos. Tal observação implica reconhecer a dificuldade de estabelecimento de um conceito estático de terceiro setor, bem como de definir um regime jurídico unívoco, sob pena de simplificar demasiadamente a realidade de atuação do terceiro setor.

Considerando que inexiste no ordenamento pátrio um estatuto que defina de modo categórico o regime jurídico incidente sobre o terceiro setor, até porque isso seria impossível, cabe ao intérprete do Direito reconhecer tanto o elemento subjetivo (se um determinado sujeito de direitos pertence ao terceiro setor) quanto o elemento objetivo ou material (se a atividade desempenhada é uma atividade própria do terceiro setor), para então encontrar na legislação pátria as disposições normativas que compõem o regime jurídico aplicável a essa realidade.

De todo modo, um conceito de terceiro setor juridicamente relevante deve corresponder a um grupo de entidades sobre as quais incide determinado conjunto de regras e princípios jurídicos, dotados de certa homogeneidade e racionalidade. Afinal, para a ciência jurídica, definições e classificações apenas possuem importância quando variam as normas aplicáveis à determinada classe, categoria ou espécie. Assim, dentro do universo de liberdade que marca a atuação das instituições do terceiro setor, é necessário destacar um conjunto de normas que formam o Direito do Terceiro Setor.

Neste tópico serão tratadas as premissas para a compreensão do *regime jurídico do terceiro setor*. Para tanto, é necessário compreender a distinção entre o regime jurídico de direito público e o regime jurídico de direito privado.

1.3.1 Regime jurídico de direito público e de direito privado

Os ordenamentos de matriz romano-germânica costumam apartar as manifestações do fenômeno jurídico em dois regimes: o regime público, incidente sobre as relações da Administração Pública, e o regime privado, incidente sobre o extrato comum das atividades privadas ordinárias.

O regime jurídico de direito público, conforme explica Jean Rivero, traz um conjunto de prerrogativas e de sujeições,[36] previstas por regras e princípios jurídicos, que disciplinam a atuação do Estado com vistas a garantir o adequado cumprimento de seus fins. Nesse prisma, enquanto o direito privado tem como característica a igualdade entre as partes e a horizontalidade das relações, o regime de direito público

---

[36] Nas palavras do autor: "(...) as normas de direito administrativo caracterizam-se em face do direito privado, seja porque conferem à Administração prerrogativas sem equivalente nas relações privadas, seja porque impõem à sua liberdade de acção sujeições mais estritas do que aquelas a que estão submetidos os particulares." (RIVERO, Jean. *Direito Administrativo*. Trad. Rogério E. Soares. Coimbra: Almedina, 1981, p. 42).

traz consigo um conjunto de limitações e poderes especiais que colocam o Estado em posição de superioridade em relação aos privados com quem se relaciona. No Direito brasileiro, é clássica a teorização do regime jurídico administrativo elaborada por Celso Antônio Bandeira de Mello, para quem todo o arcabouço jurídico de direito público sustenta-se sobre os pilares da supremacia e da indisponibilidade do interesse público.[37]

Dentre as prerrogativas do regime de direito público reconhecidas no ordenamento jurídico brasileiro, podem ser citadas a estabilidade funcional dos servidores públicos, a imperatividade e presunção de veracidade dos atos administrativos, a impenhorabilidade de bens públicos, o pagamento de dívidas estatais pelo regime dos precatórios e os prazos processuais diferenciados.

Dentre as sujeições, podem ser relacionadas à submissão aos princípios da Administração Pública, em especial, legalidade, impessoalidade, moralidade, publicidade, eficiência, finalidade, motivação, razoabilidade, proporcionalidade, ampla defesa, contraditório, segurança jurídica e interesse público; a exigência de concurso público; a contratação de obras, serviços, compras e alienações por meio de processo licitatório; o controle de contas pelo Poder Legislativo, com auxílio do Tribunal de Contas; as exigências de padrões de qualidade, atualidade, generalidade e continuidade na prestação de serviços públicos.

Já o regime jurídico de direito privado disciplina interesses privados e incide sobre relações interpessoais, de modo a possibilitar o convívio harmônico entre as pessoas. Seus princípios estruturantes são a autonomia da vontade e a igualdade jurídica entre as pessoas, que não exercem, *a priori*, qualquer relação de subordinação jurídica umas com as outras. Nas relações sociais e econômicas o vínculo de subordinação interpessoal é admitido nos limites da lei, desde que decorrente da autonomia da vontade e da liberdade negocial.

Considerando que a convivência depende da delimitação de direitos e garantias individuais, os quais não podem comprometer valores coletivos, o Estado atua perante a sociedade de modo mais ou menos intenso, impondo algumas sujeições também às relações privadas. Essa intervenção estatal limitadora da autonomia privada tem sido cada vez mais intensa e especializada, conforme o setor

---

[37] MELLO, Celso Antônio Bandeira de. *Curso de Direito Administrativo*. 23. ed. São Paulo: Malheiros, 2006, p. 51-56.

econômico e sua vinculação aos direitos fundamentais. Nesse contexto, têm se desenvolvido no Estado contemporâneo diversas técnicas de regulação de atividades econômicas e sociais, as quais implicam a incidência de regimes jurídicos especiais para cada setor de atividades, com alguns traços do regime de direito público e outros do regime de direito privado.

Nesse prisma, ao largo de divisões binárias, a definição do regime jurídico aplicável a uma situação concreta tem como critério dois caracteres:
(i) a natureza da entidade envolvida; e
(ii) a natureza da atividade desempenhada.

Tais caracteres já foram estudados, quando se analisou o conceito de terceiro setor em sentido subjetivo (pessoas jurídicas de direito privado voluntárias e sem fins lucrativos) e em sentido objetivo ou material (atividade prestacional e atividade promocional de direitos fundamentais). Nesse plano, o regime jurídico do terceiro setor corresponde à intersecção do regime próprio da entidade (sentido subjetivo) com o regime próprio da atividade (sentido objetivo ou material). Dessa equação é que resulta o regime jurídico do terceiro setor (terceiro setor em sentido formal).

1.3.2 Critérios para a definição do regime jurídico do terceiro setor

Dada a variedade e especialização das relações sociais e econômicas no mundo moderno, são raras as hipóteses de incidência pura do direito público e do direito privado. Isso porque há um gradiente bastante variado de regime jurídicos que resultam das diversas interseções entre entidades envolvidas e atividades desempenhadas na sociedade. Esse conjunto de regimes mistos, resultado da incidência parcial de regras de direito público e de direito privado, tem sido denominado *regime jurídico de direito privado administrativo*.[38]

---

[38] Sobre o tema: WOLFF, Hans Julius; BACHOF, Otto; STOBER; Rolf. *Direito Administrativo.* V. 1. Trad. Francisco de Souza. Lisboa: Fundação Calouste Gulbenkian, 2006, p. 305 e seguintes; MAURER, Hartmut. *Direito Administrativo Geral.* Trad. Luis Afonso Heck. São Paulo: Manole, 2006, p. 42-48; ESTORNINHO, Maria João. *Requiem pelo Contrato Administrativo.* Coimbra: Almedina, 2003, p. 174-179; IBÁÑEZ, Santiago González-Varas. *El Derecho Administrativo Privado.* Madrid: Montecorvo, 1996; BACELLAR FILHO, Romeu Felipe. *Direito Administrativo e o novo Código Civil.* Belo Horizonte: Fórum, 2007.

A expressão foi criada pela doutrina alemã para explicar a normatividade incidente sobre as atividades privadas desempenhadas por pessoas estatais e sobre as atividades públicas desempenhadas por entes privados (com fins lucrativos e sem fins lucrativos). Trata-se, portanto, de uma espécie de direito privado especial aplicável ao Estado e de um direito público especial aplicável ao privado.[39] Tal categoria, ainda que desprovida de delimitação objetiva, aplica-se à grande parte das relações jurídicas travadas no mundo hoje, nas quais há variada gama de acoplamento entre as entidades e as atividades por elas desenvolvidas.

Do ponto de vista subjetivo, é possível destacar no ordenamento brasileiro entidades de natureza: (i) entidades estatais de direito público; (ii) fundações estatais de direito privado; (iii) entidades sem fins lucrativos parceiras do Poder Público; (iv) sociedades de economia mista e empresas públicas; (v) concessionárias de serviços públicos; (vi) entidades privadas sem fins lucrativos; e (vii) empresas privadas com fins lucrativos.

Já do ponto de vista objetivo ou material, as atividades podem ser classificadas como: (i) atividades exclusivas de Estado; (ii) serviços públicos sociais; (iii) serviços públicos econômicos; (iv) serviços de relevância pública; e (v) atividades econômicas em sentido estrito.

Destacando o terceiro setor dentre essas categorias de entidades e de atividades, tem-se:

Natureza da entidade	
	Estatal de direito público
	Fundação estatal de direito privado
	Instituições do terceiro setor parceiras do Poder Público e paraestatais
	Sociedades de economia mista e empresas públicas
	Concessionárias de serviços públicos
	Entidades privadas sem fins lucrativos
	Privadas com fins lucrativos

---

[39] Sobre o tema: MOREIRA, Egon Bockmann. *Direito das Concessões de Serviço Público.* São Paulo: Malheiros, 2010, p. 62-63.

Natureza da atuação
- Atividades exclusivas de Estado
- Serviços públicos sociais
- Serviços públicos econômicos
- Atividades e serviços de relevância pública
- Atividades econômicas em sentido estrito

Dessa classificação, que tem como objetivo facilitar a compreensão, é possível traçar o seguinte modelo:

	Entidade privada com fins lucrativos	Entidade privada sem fins lucrativos	Concessionárias de serviços públicos	Sociedades de economia mista e empresas públicas	Entidades sem fins lucrativos parceiras do poder público e paraestatais	Fundações estatais de direito privado	Entidades estatais de direito público	REGIME PREVALENTE DE DIREITO PÚBLICO
Atividades públicas indelegáveis							X	
Serviços públicos sociais	X	X	X	X	X	X	X	
Serviço de relevância pública	X	X	X	X	X	X	X	
Serviço público econômico	X		X	X				
Atividades econômicas em sentido estrito	X			X				
REGIME PREVALENTE DE DIREITO PRIVADO								

Conforme se depreende do quadro, o regime jurídico incidente sobre uma realidade varia conforme a natureza da entidade e a natureza da atividade por ela desempenhada – lembrando que uma mesma espécie de entidade pode desempenhar mais de uma atividade e uma mesma atividade pode ser desempenhada por mais de uma espécie de entidade.

Ainda que o gráfico contenha algumas simplificações, típicas de todos os gráficos, seu objetivo consiste em demonstrar a inexistência de um regime de direito público ou um regime de direito privado aplicável uniformemente a determinada atividade ou determinada entidade. Não são dois os regimes incidentes sobre as atividades sociais, mais uma ampla gama que varia conforme o detalhamento das atividades e entidades que possam ser incluídas na análise comparativa sintetizada.

Para o que interessa à presente análise, pode-se verificar que o conjunto de regras e princípios que incidem sobre uma entidade do terceiro setor depende, em primeiro lugar, de seu elemento material. Significa dizer, conforme a atividade desempenhada, maior a incidência de regras e princípios típicas do direito público.

Mas, para além disso, o ordenamento jurídico permite (ou mesmo exige) que determinadas atividades sejam desenvolvidas por meio de um vínculo de parceria com o Estado. Tal vínculo que pode implicar, por sua vez, o repasse de recursos e o controle sobre as atividades desempenhadas. Essa variante impacta, também, sobre a definição do regime jurídico aplicável em cada situação concreta, que será mais próximo do regime de direito privado, quanto menos laços houver entre a entidade e o Estado, e será mais próximo do regime de direito público, quanto mais atados forem esses laços.

Nessa perspectiva, a especificidade do conjunto de regras que devem ser observadas por cada entidade do terceiro setor demanda uma especialização dos dois critérios citados para a verificação do regime jurídico incidente:

(a) a natureza da entidade, bem como a detenção de títulos e certificados concedidos pelo Poder Público;

(b) a natureza da atividade exercida, bem como a eventual existência de vínculo formal com o Estado e a eventual utilização de recursos humanos, físicos e financeiros repassados pelo Estado para o desempenho de tal atividade.

Como ilustração, pode-se pensar em uma associação que atua na área desportiva e não possui nenhuma certificação ou vínculo com o Poder Público; em uma fundação que arrecada recursos de doações para oferecer abrigo a moradores de rua sem nenhum vínculo com o Poder Público; em uma associação que desenvolve atividades culturais e recebe incentivo púbico por meio de Termo de Fomento com o Estado;

e uma fundação que gerencia um hospital público, com financiamento integralmente arcado com recursos repassados via Contrato de Gestão do Poder Público. As quatro entidades possuem regimes jurídicos bastante diversos, sendo que as exigências próprias do regime público são muito mais intensas na última do que em cada uma das anteriores.

Destaca-se, nesse contexto, que o direito público e o direito privado possuem características próprias e bastante definidas, mas não possuem campos de incidência estanques e excludentes. O Direito do Terceiro Setor nasce exatamente dessa perda de nitidez na delimitação, o que aparenta um contrassenso. Se não há nitidez na divisão entre os grandes ramos de direitos, não haverá nitidez no próprio Direito do Terceiro Setor, que possui apresentação variada. Assim, defender a delimitação objetiva e perene de um Direito do Terceiro Setor seria uma contradição, já que sua premissa consiste na interação entre os ramos do Direito.

De todo modo, é possível definir um conjunto de regras e princípios que dão sustentação ao Direito do Terceiro Setor, incidindo com maior ou menor intensidade sobre cada entidade do terceiro setor e conferindo unicidade a essa realidade jurídica. Afinal, apesar de o regime jurídico não ser idêntico, eles possuem traços de semelhança. O Direito do Terceiro Setor busca trazer ferramentas que permitam a definição do regime jurídico de cada entidade, em cada atividade, sem ter de se socorrer a simplificações, generalizações ou transposições deslocadas no tempo e no espaço.

Portanto, além do elemento subjetivo e do elemento objetivo, o terceiro setor é integrado também por um elemento formal, aqui denominado de Direito do Terceiro Setor, cujos pilares serão apresentados no Capítulo 3.

CAPÍTULO 2

O TERCEIRO SETOR NA HISTÓRIA

Ainda que o conceito de terceiro setor seja recente, iniciativas sociais tendentes a satisfazer necessidades coletivas existiram desde os primórdios da humanidade. Antes mesmo da prática do escambo e muito antes do estabelecimento de um conjunto de regras aptas a garantir segurança e previsibilidade para a realização do comércio, havia ao redor do globo entidades análogas àquelas que hoje compõem o terceiro setor. Portanto, em termos cronológicos, surgiram anteriormente às organizações do primeiro e do segundo setores (Estado e mercado).

Não obstante, a compreensão do terceiro setor atualmente existente demanda o estudo das relações entre grupos sociais organizados e o modelo de organização política atualmente vigente – representada pelo Estado moderno.

Em sintonia com a tese defendida por Rodrigo Xavier Leonardo, pode-se dizer que tais relações assumiram natureza e finalidade diversa ao longo do tempo, sendo que o terceiro setor atuou originalmente na prestação de serviços sociais aos necessitados, passando pela defesa do reconhecimento dos direitos fundamentais, até chegar à colaboração com o Estado em sua concretização. Como se verá, o terceiro setor, histórica e atualmente, assumiu posições ora de embate, ora de aliança com o Estado, mas sempre em defesa dos direitos humanos.

Para compreender esse processo, o presente capítulo divide-se em duas partes. A primeira trata da formação do Estado moderno e sua transição para o Estado de Direito, primeiro em sua vertente liberal e depois social. Essa análise tem como objetivo demonstrar uma linha de transformação das relações entre Estado e terceiro setor, que passam pelo apoio do Estado absolutista, pela perseguição do Estado liberal de Direito, pelo reconhecimento do Estado social de Direito em sua primeira fase e pela colaboração do Estado social de Direito em sua segunda fase.

Já a segunda parte deste capítulo volta-se a uma análise panorâmica dos eventos históricos que marcaram a conformação do terceiro setor, da Administração Pública e da própria sociedade civil no cenário brasileiro. Toda a análise, voltada para a compreensão do terceiro setor hoje, pauta-se no processo de reconhecimento, consagração e implementação dos direitos fundamentais, bem como do desenvolvimento de mecanismos administrativos voltados para a sua concretização. Como se verá, a multiplicação das instituições do terceiro setor no Brasil alinha-se à consolidação da democracia e ao reconhecimento da força normativa dos direitos fundamentais sociais, culturais e econômicos em solo pátrio.

2.1 O Estado na história: direitos fundamentais e terceiro setor

A denominação Estado foi difundida a partir da obra de Nicolau Maquiavel, no início do século XVI, mas o conceito de Estado apenas se consolidou no final do século XVII. O Tratado de Westfália, celebrado ao final da Guerra dos Trinta Anos, em 1648, representa um dos marcos históricos relevantes para seu reconhecimento no cenário político europeu. Este tratado viabilizou a melhor delimitação dos territórios, com a construção de um aparato centralizado e soberano, voltado à garantia da ordem e da segurança, a qual será mais intensamente observada ao longo do século XVII e XVIII.

Esta centralização configura mera construção material, mas também simbólica. Afinal, para que exista a concepção de Estado, bem como de nação, é necessário que a população pertencente àquele dado território subjetivamente se conceba como um povo e, ainda, remeta sua vivência a um passado em comum.

Nessa perspectiva, o Estado moderno, constituído ao longo dos séculos XVII e XVIII, é compreendido como sinônimo de sociedade política, ou seja, uma sociedade organizada (uma nação), na qual há um aparato próprio que exerce o poder de maneira exclusiva e consensual. Também é visto, sob outra perspectiva, de forma mais estrita, significando a própria estrutura à qual compete exercer o poder e garantir a paz. No primeiro sentido explorado, fala-se em *Estado-nação* e no segundo sentido, fala-se em *Estado-aparato, Estado-máquina* ou *Estado-instituição*.

Na primeira fase de existência do Estado-nação, suas funções eram basicamente garantir a segurança e a ordem. Ainda que sem a limitação do poder do soberano, esse Estado absolutista fundou as bases que permitiram o desenvolvimento das transações econômicas de forma monopolista, instituindo os alicerces do mercantilismo.

Investido da *summa potestas*, o Estado é comumente representado na imbricação entre o Poder Legislativo, o Executivo e o Judiciário, conforme explica Norberto Bobbio. Isso não implica dizer que o soberano não teria limites, pois até mesmo Jean Bodin, um ferrenho absolutista, apresenta o necessário respeito às leis naturais divinas e às leis do próprio reino.

Sendo o governante responsável pelo reino, é natural que este se responsabilizasse pela pobreza e bem-estar de seu povo. Ocorre que esta preocupação era significativamente distante, dada a forma rural de disposição da majoritária população. Logo, pode-se apontar que os principais responsáveis pelo auxílio ao campesinato eram as próprias ordens monásticas, as quais desenvolveram, ao longo do medievo e do início da modernidade, significativa filantropia social – em condição análoga à noção atual de terceiro setor.

Já em solo inglês, bastante conhecida é a *Poor Law Act* (Lei dos Pobres), editada em 1601 por Elizabeth I. Por meio dela, as paróquias eram responsáveis pela assistência às pessoas domiciliadas em seu território, em troca de incentivos ficais da coroa inglesa.

Após o questionamento da sacralidade do soberano, bem como do seu poder inequívoco, insurgiram inúmeras manifestações sociais, as quais, aliás, foram agravadas, principalmente, pela desvinculação efetiva entre o auxílio social e o soberano, passando este a ser caracterizado como de pouco préstimo ao povo. Destas manifestações, as mais reconhecidas, pelos frutíferos efeitos, foram a Revolução Puritana (1640-1648), a Revolução Gloriosa (1688-1689), a Independência da América do Norte (1786) e, ainda, a Revolução Francesa (1789).

Decorrência disso, o Estado absolutista transformou-se em *Estado de direito* ou *Estado constitucional*, por meio do reconhecimento de normas jurídicas capazes de delimitar objetivamente o poder do Estado e definir catálogos de direitos individuais a serem respeitados por todos, inclusive pelo Estado.

Dentre os direitos proclamados tiveram relevo, por seu caráter universalista, aqueles previstos na Declaração dos Direitos do Homem e do Cidadão, redigidos durante a Revolução Francesa: igualdade formal, liberdade, propriedade, segurança e resistência à opressão. Nasciam, assim, os direitos fundamentais de primeira geração.

Os principais documentos modernos a proclamar tais direitos, como o *Bill of Rights* inglês de 1689, a Declaração de Independência Americana de 1776 e a Declaração francesa dos Direitos do Homem e do Cidadão de 1789, marcaram tanto no mundo anglo-saxão quanto no mundo continental europeu o surgimento de um modelo de Estado limitado em seu poder e em suas funções. As tarefas estatais eram, nesse momento histórico, restritas à proteção dos direitos fundamentais de primeira geração.

Como reflexo deste movimento histórico, tal catálogo de direitos foi consagrado de modo mais ou menos uniforme nas constituições: americana (1787), francesa (1791), holandesa (1814), belga (1831), suíça (1848), italiana (1876), espanhola (1876), alemã (1871) e também pelas Constituições brasileiras de 1824 e 1891.

2.1.1 Terceiro setor no Estado de Direito

Com o surgimento do Estado de Direito, o poder do Estado-aparato passou a ter limite nos direitos reconhecidos em sede constitucional, consagrados como direitos de defesa do cidadão contra a opressão até então realizada pelo próprio Estado absolutista. Acontece que, do mesmo modo, o reconhecimento do primeiro rol de direitos fundamentais marcou também a delimitação da atuação estatal em prol da sociedade.

Se até então o Estado absolutista, com fundamento na benemerência ou interesse do monarca, oferecia benefícios prestacionais à população como forma de obter apoio social, esse modelo de atuação deixou de ser admitido. Deixou-se de tolerar a mistura entre o Estado-aparato e a sociedade, que passaram a constituir dois mundos separados. Enquanto o Estado-aparato era tido como o espaço da autoridade, da unidade, do império do interesse geral; a sociedade constituía o espaço da liberdade, da diversidade, da luta pelos interesses particulares.

Com a nova dicotomia entre o público e o privado, esse novo direito teve o objetivo de proporcionar o desenvolvimento do mercado, razão pela qual as constituições escritas da época traçaram obstáculos voltados a impedir a intervenção estatal em todos os setores sociais – exceto naqueles em que sua atuação fosse indispensável para tornar possível a exploração lucrativa ou a defesa da coletividade.

2.1.1.1 A dissolução das instituições do terceiro setor

O novo modelo de organização social que se instalou na Europa continental foi caracterizado pela perseguição aos corpos intermédios da sociedade, consolidados historicamente desde o período feudal e preservados no período absolutista. No Estado liberal, a ideia dominante era a de que tais corpos, representados pelas entidades caritativas do terceiro setor, configuravam barreira à relação direta entre o Estado-aparato e o indivíduo, o que dificultaria o desenvolvimento do mercado.

A maior demonstração de repressão às instituições do terceiro setor ocorreu em solo francês. Durante a Revolução Francesa, o Estado-aparato assumiu a propriedade dos hospitais antes pertencentes à Igreja, para depois vendê-los ou transformá-los em hospitais militares. No período, foi proibida a caridade e vedada a mendicância. O ideal de exterminar os privilégios estamentais e corporativos, combustível da Revolução Francesa, acabou promovendo o fim da proteção social, transformando-a em responsabilidade individual, desalojada de seus laços sociais e ligada ao novo modelo de organização produtiva que se instalava. São conhecidos marcos normativos da época o Decreto D'Allarde e a Lei Le Chapelier, ambos em 1791.

O princípio jurídico que legitimava esse comportamento estatal era a igualdade formal. A noção de que todas as pessoas, independentemente de suas características individuais, são iguais perante a lei e perante o Estado-aparato conduzia ao entendimento de que organizações privadas de benefício mútuo ou de benefício público configuravam um privilégio odioso e deveriam ser combatidos. Todo e qualquer benefício a determinado grupo de pessoas era entendido como afronta à igualdade, de modo que as necessidades individuais deveriam ser satisfeitas pelo mercado.

Além disso, outro processo marcou a atuação estatal em face das instituições do terceiro setor. Trata-se da criação em berço francês de um novo ramo do Direito, voltado à disciplina da atuação do próprio Estado: o Direito Administrativo. Essa nova disciplina trouxe um conjunto de exceções ao regime comum, caracterizado pela existência de prerrogativas e de limitações à atuação administrativa do Estado. O surgimento desse novo ramo do Direito pode ser explicado pelas circunstâncias em que foi levado a cabo o processo revolucionário francês, marcadas pela necessidade de limitação dos excessos cometidos durante o absolutismo, mas também pela necessidade de manutenção da ordem e unidade do Estado.

Essa condição histórica fez com que na França a antiga estrutura social de classes privilegiadas e corpos intermédios, conformada durante o antigo regime, fosse substituída por uma organização administrativa fortemente hierarquizada, centralizada e autoritária.

As prerrogativas da Administração Pública davam força ao Estado para que defendesse o interesse geral (em prol do desenvolvimento do mercado) em face de interesses particulares (de necessidades sociais). Nesse modelo de organização administrativa, como se pode perceber, não havia espaço para o desenvolvimento de instituições do terceiro setor.

Criou-se assim um modelo de Estado mínimo que marca a transição do Estado absolutista, que exercia de modo pontual assistência aos desamparados, impossibilitado do exercício de qualquer função que extrapolasse a garantia dos direitos individuais.

Já em ordenamentos de matriz anglo-saxônica, como Estados Unidos e Inglaterra, não houve a completa instalação de um Estado absolutista opressor. Com isso, a Administração Pública típica deste momento histórico constituiu-se de modo pouco centralizado e autoritário. De todo modo, o predomínio de mecanismos de mercado em oposição à filantropia pode ser visto, por exemplo, com a *New Poor Law*, de 1834, que restringiu o auxílio oferecido pelo poder público inglês a entidades caritativas dedicadas à proteção social. Com isso, separou-se a classe trabalhadora – forçada a obter auxílio no mercado – da classe dos indigentes.

Assim, ao longo dos séculos XVIII e XIX, o Estado mínimo foi marcado pela ausência de políticas sociais, pelo crescimento populacional urbano e, ainda, pela busca do enriquecimento através de um capitalismo colonial. Deste modo, o empreendimento colonial criou um cenário de guerra e forte atrito entre os Estados modernos, causando inúmeros problemas socioeconômicos, como a pobreza extrema e a precariedade ao acesso de bens de consumo básicos.

A esta altura, a filantropia, que era então exercida pelos centros monásticos, herdeiros de uma característica medieval própria da Europa Central, sofreu forte déficit, impulsionando processos migratórios de muitas famílias, em busca de melhores condições de vida. Este momento histórico, marcado pela Revolução Industrial e pela penúria dos trabalhadores urbanos, produziu revoltas sociais, denominadas na historiografia como primavera dos povos, reivindicando direitos laborais e sociais. A perseguição do Estado frente a iniciativas sociais associativas causou o declínio do terceiro setor.

2.1.1.2 O reconhecimento das instituições do terceiro setor

Sem a prestação direta de serviços sociais pelo Estado e sem apoio estatal às entidades intermédias, as pessoas tornaram-se, em grande medida, dependentes do mercado para o atendimento de suas necessidades sociais. A sobrevivência das pessoas passou a depender de sua inserção no mercado, com a venda de sua mão de obra como meio para tanto. A vedação à atividade assistencial por instituições do terceiro setor alcançou seu objetivo: todos passaram a ser obrigados a participar do mercado vendendo sua força de trabalho em troca de bens e serviços essenciais à subsistência.

Entretanto, como se sabe, o mercado não é um meio apto para atender às necessidades de todos, pois ele apenas oferece bens e serviços àqueles que dele fazem parte. Como expressou Gaspar Ariño Ortiz, a ordem ideal prevista pelo liberalismo tornou-se uma desordem real, o que demandou uma nova alteração no modelo de Estado, com sua intervenção na sociedade. O resultado catastrófico da destruição dos modelos estatais e privados de proteção social impôs uma nova mudança na estrutura do Estado-aparato e de suas relações com o terceiro setor.

Conforme Vital Moreira, a concepção unitária e centralizada da Administração Pública cedeu à emergência de grupos sociais que reclamavam a intervenção do Estado em setores sociais. Para isso, o Estado passou a aproveitar tais iniciativas para aliviar seu envolvimento direto na provisão de serviços de proteção social.

Iniciou-se, assim, o movimento pelo qual o Estado-aparato passou novamente a interferir na sociedade por meio da prestação de serviços assistenciais aos cidadãos. Para tanto, a estrutura estatal voltada à garantia de direitos, denominada de Administração Pública, passou a reconhecer a importância das iniciativas da própria sociedade para o alcance de sua missão. Com isso, as instituições do terceiro setor – durante algum tempo tidas como entraves à igualdade e à liberdade, por supostamente servirem como base para privilégios – passaram a ser utilizadas pelo Estado para a prestação de serviços de índole social.

Marco dessa transformação é a política social alemã, que, por meio da *Lei do Seguro Doença*, editada por Otto von Bismarck em 15 de junho de 1883, bem como das leis sobre seguro velhice e invalidez, acabou por configurar o primeiro sistema obrigatório de proteção social do mundo ocidental.

Teve início, assim, um processo de reflorescimento do terceiro setor. A nova realidade imposta pela industrialização e urbanização conduziu ao surgimento de novas organizações da sociedade voltadas para sua própria proteção, as quais, ao lado daquelas que sobreviveram ao século XIX, acabaram sendo reconhecidas e fomentadas pelo Estado para a prestação de serviços assistenciais.

2.1.2 Terceiro Setor no Estado social e democrático de Direito

O novo modelo de relacionamento entre Estado-aparato e terceiro setor foi instaurado a partir do momento em que as atividades sociais passaram a configurar o dever estatal previsto em textos internacionais e em Constituições nacionais. Com a consagração dos direitos econômicos, sociais e culturais, a atuação administrativa prestacional passou a configurar direito constitucionalmente previsto em benefício de cada pessoa.

Os dois conhecidos documentos constitucionais que marcaram a consagração de direitos sociais no século XX foram a Constituição do México, de 1917, e a Constituição Alemã, de 1919. O texto mexicano é reconhecido por ter albergado pela primeira vez em um texto constitucional a previsão de limitações às relações trabalhistas, com vistas à proteção dos empregados. Já a Constituição Alemã, conhecida como Constituição de Weimar, estabeleceu a vinculação da vida econômica aos princípios da justiça e da dignidade da pessoa humana.

Mas foi apenas após a Segunda Guerra Mundial que os direitos sociais voltados à proteção da dignidade de cada pessoa humana foram ampliados e positivados em documentos internacionais e em novos textos constitucionais que se seguiram. Exemplos disso são a Declaração Universal dos Direitos Humanos de 1948, o Pacto Internacional sobre Direitos Civis e Políticos e o Pacto Internacional sobre Direitos Econômicos, Sociais e Culturais, ambos de 1966. Na esfera interna, é possível citar as Constituições Francesas de 1946 e de 1958, a Constituição Alemã de 1949, conhecida como Lei Fundamental de Bonn, e a Constituição Italiana de 1948.

Além delas, no último cartel do século XX os textos constitucionais passaram da mera consagração dos direitos sociais ao tratamento detalhado acerca dos deveres estatais voltados à concretização de tais direitos. Dentre elas é possível mencionar a Constituição portuguesa de 1976, a Constituição espanhola de 1978 e a Constituição brasileira de 1988.

Com a consagração dos direitos sociais, as relações do Estado com o terceiro setor passaram a ser marcadas pela discussão acerca dos limites positivos e negativos da atuação estatal na prestação de serviços sociais, bem como dos modelos de ação mais adequados para tanto.

2.1.2.1 O fomento ao terceiro setor

Com a consagração dos deveres estatais de prestação, a relação entre o Estado-aparato e o cidadão tornou-se muito mais complexa do que em períodos anteriores. Em primeiro lugar, porque as atividades sociais deixaram de ter como fundamento a vontade governamental e passaram a consistir em direito dos cidadãos. Em segundo lugar, porque a mera consagração constitucional de tais direitos não implica automaticamente sua concretização. Ao contrário dos direitos fundamentais de primeira geração, também denominados *direitos de defesa* (em face da atuação ilimitada do Estado absolutista), os direitos sociais dependentes de prestações exigem a criação de condições objetivas para sua garantia, tanto do ponto de vista jurídico (interposição legislativa) quanto do ponto de vista administrativo (organização de estruturas) e material (prestação de serviços).

Durante algum tempo, em especial a partir da década de 40 do século passado, a criação dessas condições objetivas teve como foco a construção de estruturas administrativas estatais, voltadas à materialização dos direitos sociais. Nesse modelo de resposta estatal aos mandamentos constitucionais de prestação social por meio do aparato estatal tornou-se clássica a expressão 'Estado providência'.

Essa espécie de Estado social e democrático de direito é caracterizada por uma grande estrutura administrativa de prestação de serviços aos cidadãos. Note-se que o Estado providência não se confunde com o Estado social, mas com um modelo específico de Estado social em que a estrutura voltada à prestação de serviços é exclusiva ou preferencialmente estatal. A grande característica do Estado providência foi a expansão administrativa, com o crescimento da estrutura estatal disciplinada por regras do Direito Administrativo de matriz francesa, com forte centralização, hierarquia e um regime de prerrogativas e limitações próprias desse modelo de Administração Pública.

Nesse contexto, para além da aceitação de sua existência e do reconhecimento de sua importância, as instituições do terceiro setor passaram a ser incentivadas pelo novo modelo de Estado. O aparato estatal retoma a estratégia anterior de conceder determinados incentivos à atuação do terceiro setor.

Esse incentivo estatal a iniciativas de interesse público existiu desde o Estado absolutista, foi praticamente extinto durante o período de Estado liberal e voltou a ser utilizado nessa nova fase de desenvolvimento estatal. No que tange ao terceiro setor, o incentivo estatal foi oferecido tanto pelo repasse de recursos via subvenções sociais e auxílios quanto pela outorga de benefícios tributários.

Consolidou-se assim, a atividade administrativa de fomento social. Na lição clássica de Jordana de Pozas, a atividade estatal de fomento consiste na ação da Administração Pública destinada a proteger ou promover atividades e estabelecimentos privados que satisfazem necessidades públicas ou possuem interesse geral. Trata-se de uma atividade estatal voltada ao estímulo a iniciativas privadas no campo social ou econômico.

Acontece que nesse momento histórico o incentivo estatal não mais configurava um mero favor decorrente da benemerência do governante, pois passara a materializar a concretização de um dever constitucional. E isso muda tudo. É que o incentivo estatal a que entidades privadas colaborem na prestação de tais serviços não garante o atendimento estável e permanente dos cidadãos necessitados, tal qual se exige do Estado na concretização dos direitos sociais.

Como assinala Carlos Ari Sundfeld, o fomento estatal à vida privada consiste na concessão de benefícios aos particulares, de modo a induzir suas ações. Conforme a noção tradicional de fomento, o agente privado que não adota o comportamento pretendido não é sancionado, apenas deixa de usufruir do benefício oferecido pelo Estado-aparato.

Com isso, a atuação das instituições do terceiro setor fomentadas não adquire segurança jurídica e tampouco estabilidade econômica. Além disso, a noção tradicional de fomento, em especial aquele disciplinado por convênios, não envolve o compromisso estatal, que pode rescindir ou revogar o incentivo a qualquer momento.

Esse modelo de atenção social, no qual o Estado-aparato realiza atividade de fomento às instituições do terceiro setor para que estas prestem serviços voltados à garantia de direitos constitucionalmente previstos, não traz a garantia necessária à consecução dos direitos sociais dependentes de serviços públicos.

Como visto, a atividade tradicional de fomento consiste em uma forma de auxiliar a sociedade a satisfazer suas necessidades não atendidas pelo mercado na época em que essas necessidades não eram direitos.

Nesse cenário, com a assunção pelo Estado da responsabilidade pela garantia de direitos por meio da prestação de serviços de índole social, dois caminhos foram seguidos pela generalidade dos Estados ocidentais: (i) o crescimento da estrutura estatal voltada a atividades prestacionais; e (ii) a ampliação de mecanismos de fomento estatal a instituições do terceiro setor prestadoras de serviços de interesse público.

No que tange ao fomento, é importante destacar que essa atividade passa a ter importância redobrada a partir do momento em que são consagrados nos textos constitucionais os direitos fundamentais denominados pela doutrina como direitos da terceira e da quarta gerações. Relacionados a interesses difusos e coletivos constam direitos como ao meio ambiente, ao patrimônio cultural, à democracia, à paz e à independência dos povos.

Nesse contexto inserem-se as Organizações não Governamentais – ONGs em sua versão originária, conforme analisado anteriormente. Trata-se de entidades privadas e sem fins lucrativos, defensoras dos direitos fundamentais que passaram a ter interlocução formal com a Organização das Nações Unidas com o objetivo de colaborar na tomada de decisões transnacionais.

Com relação a essas entidades, que exercem a defesa e promoção de direitos, deve-se assinalar que: (i) elas sempre existiram e foram fundamentais para a instituição e para as transformações pelas quais passou o Estado; (ii) seus vínculos formais com o Estado são menos intensos, pois muitas vezes elas se dedicam a questionar o próprio Estado, o que exige total autonomia em relação a ele. Daí a desnecessidade, e mesmo inviabilidade, de qualquer relação de incentivo estatal a sua atuação.

Portanto, ainda que a importância das instituições do terceiro setor que atuam na defesa e na promoção de direitos seja tão alta quanto aquela das entidades que prestam serviços de natureza social, suas relações com o Estado não têm se alterado de maneira significativa nas últimas décadas. As dificuldades residem, como visto, em relação às atividades voltadas à concretização de direitos fundamentais de segunda geração: enquanto a prestação direta pelo Estado é inviável em todos os casos; o mero fomento estatal a sua prestação privada é, do mesmo modo, insuficiente.

2.1.2.2 Os novos modelos de colaboração entre Estado e terceiro setor

As respostas estatais às demandas sociais demonstraram-se insatisfatórias. Os motivos são simples: de um lado verificou-se a inadequação do uso da estrutura estatal para o desempenho de uma série de novas tarefas prestacionais pelo Estado; de outro, restou evidenciada a instabilidade e precariedade do mero incentivo estatal à prestação de serviços sociais por instituições do terceiro setor.

É possível sustentar, portanto, que as transformações do Estado na esfera constitucional, com a consagração dos direitos fundamentais de segunda geração, não foram seguidas, de imediato, das necessárias transformações em seu modelo de oferecimento de prestações. A tentativa que se fez foi a de utilizar o modelo de Administração Pública do Estado liberal de matriz francesa – centralizada, hierarquizada e burocratizada – como estrutura voltada à prestação de serviços.

Além disso, buscou-se adotar o método, típico do Estado absolutista e retomado na fase avançada do liberalismo, de mero fomento estatal às instituições do terceiro setor, prestadoras de serviços de interesse público.

Ocorre que a estrutura administrativa, em especial aquela disciplinada pelo Direito Administrativo, não é adequada para a prestação de serviços de cunho social. Afinal de contas, como analisado, o regime jurídico administrativo criado em solo francês manteve um regime de prerrogativas típicas do Estado absolutista à Administração Pública liberal, a fim de proporcionar o exercício de suas atividades de polícia e garantir a manutenção da ordem e unidade do Estado francês. Esse modelo de organização fundado na autoridade, centralidade e hierarquia não é compatível, do ponto de vista gerencial, com uma organização estatal voltada para a prestação de serviços aos cidadãos.

Além da dificuldade própria do regime jurídico administrativo de matriz francesa, um outro problema incide sobre todas as estruturas públicas em que não há clara divisão entre a elaboração de políticas públicas e sua execução. Peter Drucker, em obra editada originalmente em 1969, já defendia a separação entre as atividades estatais de governo e de execução de serviços. Segundo o autor, "qualquer tentativa de obrigar os órgãos que tomam decisões a 'executarem' realmente também implica uma 'ação' muito insatisfatória. Eles não se orientam para a execução. Não estão equipados para ela. Não estão fundamentalmente interessados nela". E conclui o autor: "Não estamos diante de um 'definhamento do Estado'. Pelo contrário, precisamos de um governo vigoroso, forte e muito ativo. (...)".

A incapacidade de os Estados oferecerem resposta às demandas sociais por efetivação de direitos fez com que essas ideias passassem a fundamentar um processo de reforma da Administração Pública, que teve início na década de 1970 e ainda se encontra em andamento nos diversos Estados democráticos de direito.

Ganhou força a ideia, consagrada como princípio constitucional em solo brasileiro, de que a atividade voltada à satisfação de direitos prestacionais deve ser eficiente. Deixou-se de reconhecer que cumpre ao Estado, por meio de sua própria Administração Pública estatal, oferecer serviços aos cidadãos. Verificou-se, ao mesmo tempo, que os meros incentivos estatais às instituições do terceiro setor, mesmo aqueles formalizados por ajustes formais, não ofereciam a estabilidade e segurança necessárias para a garantia de direitos.

No atual estágio de desenvolvimento do Estado social e democrático de direito, é dever da Administração Pública, portanto, aliar-se às iniciativas sociais que colaboram com o Estado na consecução de suas funções. Mas essa soma de esforços deve dar-se por meio de mecanismos de ajuste que ofereçam segurança às partes envolvidas, para que não haja desvios e má-prestação dos serviços, bem como sejam garantidas condições materiais e financeiras necessárias ao efetivo atendimento dos cidadãos, nos termos do que exige a Constituição.

Afinal, interessa no presente estágio de desenvolvimento econômico, social e tecnológico, em especial da sociedade brasileira, a implementação de atividades que melhor realizem as funções estatais. Não foi outro o entendimento ressaltado por Diogo de Figueiredo Moreira Neto, que assim consignou: "Com efeito, as pessoas de todas as latitudes querem ter seus interesses satisfeitos, pouco importando quem o faça ou deles se ocupe: se uma entidade privada ou governamental e se será uma entidade nacional, multinacional ou estrangeira".

A exigência constitucional de garantia de direitos a prestações impõe que o Estado adote o modelo de organização administrativa mais adequado para a prestação de cada serviço a ser disponibilizado ao cidadão. E essa organização administrativa deixa de ser autorreferente e passa a reconhecer a possibilidade de prestação indireta, por meio de parcerias. Essa possibilidade exige, contudo, que tais parcerias não sejam meramente aqueles modelos de ajuste voltados ao mero incentivo estatal descompromissado.

Nesse contexto, conforme assinalou Paulo Modesto, houve nas últimas décadas ao redor do globo uma transformação na atividade de fomento por meio das parcerias com o terceiro setor. Conforme o autor, as relações de fomento tornaram-se cada vez mais *parametrizadas, especificando prazos, indicadores de desempenho, metas a cumprir, custos a respeitar, procedimentos decisórios a atender, exigindo-se detalhadas e cada vez mais abrangentes prestações de contas.*

Tal mudança no relacionamento do Estado com o terceiro setor foi marcada, em solo pátrio, pela edição de uma série de leis que preveem mecanismos específicos de ajuste, os quais serão analisados em tópico subsequente.

Com isso, a própria separação entre atividade pública e atividade privada, entidade pública e entidade privada, perde importância. A distinção, em sua vertente construída no período em que Estado e sociedade configuravam mundos separados, entre *público* e *privado*, bem como todos os seus corolários, há muito tempo deixou de ser útil para a interpretação do Direito.

É evidente a dificuldade de se encontrar o equilíbrio entre um Direito Administrativo que permita a flexibilidade necessária à concreção de suas funções e a rigidez que impeça desvios e apropriação privada de bens e recursos públicos. Esse é o grande desafio a ser superado pelo Estado contemporâneo em todas as suas áreas de atuação: aproveitar ao máximo a atuação da iniciativa privada, mas garantir que tal atuação ocorra de maneira eficiente e sem desvios.

Esta obra insere-se nesse contexto, de busca por soluções capazes de responder satisfatoriamente à demanda pela prestação de serviços trazida pela consagração dos direitos fundamentais de segunda dimensão. Essa demanda apenas será adequadamente atendida com o desapego de um modelo típico de Estados-aparato, criado com objetivos bastante diversos do Estado atual.

O estudo das relações entre o Estado e o terceiro setor hoje apenas fazem sentido com essa perspectiva. Dada a consagração de direitos fundamentais típicos de um Estado social e democrático de direito, apenas admitem-se parcerias que reforcem a capacidade estatal de garantir direitos sociais – jamais para desobrigar-se de sua consecução.

Afinal, como visto no capítulo anterior, enquanto do ponto de vista das Ciências Sociais, o terceiro setor tem como finalidade a consecução do interesse público. Na perspectiva jurídica, esse objetivo materializa-se por meio da defesa, promoção e garantia dos direitos fundamentais. Esse é o fundamento que unifica a atuação do terceiro setor.

Essa consideração costuma causar discussão acerca da própria razão de ser do terceiro setor. O argumento contrário à própria existência do terceiro setor no Estado social e democrático de direito parte da premissa maior de que a concretização dos direitos fundamentais é tarefa precípua do Estado; passa pela premissa menor de que o Estado deve cumprir suas funções, e conclui que o terceiro setor apenas existe porque o Estado não cumpre satisfatoriamente suas atribuições. Em outras palavras: se o Estado social cumprisse seus deveres, não haveria espaço para a atuação do terceiro setor.

Ocorre que esta forma de construção argumentativa não procede, pois deixa de levar em consideração que atualmente se vive em uma sociedade multifacetada, fundada em uma constituição que concretizou uma ampla gama de direitos fundamentais subjetivamente exigíveis, muitos dos quais traçados sob a forma de princípios e demandantes de constante ampliação, aprimoramento e desenvolvimento.

Portanto, o terceiro setor não existe porque o Estado Social funciona de forma ineficiente. Afinal, ainda que sua função e compromisso jurídico fossem perfectibilizados, o sistema constitucional pátrio exige a permanente evolução no modo e no grau de satisfação dos direitos fundamentais – em especial aqueles direitos dependentes de prestações, como saúde, educação e assistência social.

A importância e a necessária participação do terceiro setor na construção desta tarefa de materialização dos direitos fundamentais decorrem não só do espaço que este adquiriu na sociedade ao longo de anos de sua existência, mas, também, da própria proposta da Constituição de desenvolver um sistema cooperativo e democrático de concretização destes direitos.

Como se verá adiante, existe uma série de determinações constitucionais expressas que atribuem ao terceiro setor o dever de participar do processo de materialização dos direitos fundamentais. Entretanto, essa determinação não implica, obviamente, a desresponsabilização do ente estatal. Pelo contrário. É do Estado a função primária de garantia dos direitos fundamentais, ainda que se possa fazê-lo em parceria com instituições do terceiro setor.

2.2 O Estado brasileiro e o terceiro setor

O desenvolvimento histórico das instituições do terceiro setor no Brasil teve início alguns séculos antes da existência de um Estado-aparato. O modelo de colonização aqui implantado foi, durante séculos, dependente das instituições do terceiro setor, que exerceram diversas atividades essenciais ao funcionamento e organização da sociedade brasileira.

Enquanto na Europa continental as instituições do terceiro setor foram combatidas durante os primeiros anos do constitucionalismo pós-revolucionário do século XIX, por representar uma afronta ao direito de igualdade de todos perante a lei, as relações da estrutura política instaurada em solo brasileiro com o terceiro setor foram marcadas pela dependência mútua e pelo incentivo – com ressalva feita a episódios pontuais de perseguição a instituições do terceiro setor no Brasil durante os períodos ditatoriais da década de 1930 e 1960.

Por depender dos serviços prestados pelo terceiro setor, a estrutura política brasileira desde cedo reconheceu a importância e incentivou o desempenho de atividades por instituições do terceiro setor. Evidentemente, durante o decorrer dos séculos houve graves problemas nessa relação, em especial no que se refere à utilização de algumas entidades por agentes políticos interessados na apropriação privada de recursos públicos.

Alguns casos, adiante relatados, ilustram essa captura de instituições do terceiro setor por interesses político-partidários escusos por parte de alguns representantes do Estado. Não obstante, a história do Brasil é marcada pela relevante atuação das instituições do terceiro setor, em grande medida dotadas de apoio estatal.

Importantes transformações nessa relação entre o Estado brasileiro e o terceiro setor começaram a ocorrer a partir da Constituição de 1988. A consagração de uma série de direitos fundamentais sociais e a consequente ampliação dos deveres estatais em diversas áreas sociais demandaram fortes alterações nas relações público-privadas com instituições do terceiro setor. A nova Constituição trouxe novas responsabilidades, que exigiram nova interpretação de velhas leis e a edição de novas leis, que previram novos modelos de parceria entre o Poder Público e o terceiro setor, em consonância com a narrativa traçada acerca da insuficiência da mera noção clássica de fomento.

É natural que haja disputa entre concepções divergentes de Estado-aparato, que pautam a interpretação constitucional e resultam em proposições antagônicas acerca do papel do terceiro setor na consecução dos direitos fundamentais previstos pelo texto constitucional. Nesse plano, duas ordens de ideias bastante distintas repercutem sobre toda a compreensão do terceiro setor e de suas relações com o Estado brasileiro.

De um lado encontram-se os defensores de que as relações entre Estado e terceiro setor devem permanecer inalteradas no cenário pós-Constituição de 1988, de modo que todas as novas atribuições estatais devam ser desempenhadas exclusivamente pela própria estrutura estatal, com apoio apenas eventual, secundário, complementar e, até mesmo, precário do terceiro setor.

De outro lado encontram-se os autores que reconhecem a necessidade de que o terceiro setor colabore de modo efetivo, seguro, estável e transparente na consecução das novas atribuições impostas ao Estado pela Constituição de 1988. Isso com o objetivo de concretizar os direitos fundamentais trazidos pelo Estado social e democrático de direito, jamais de desresponsabilizar o Estado de tal mister. Essa visão implica, contudo, o aprimoramento de uma série de leis e a revisão de uma série de conceitos talhados à época do modelo liberal de Estado.

Nesse tópico serão estudadas as transformações pelas quais passaram as instituições do terceiro setor, desde a vinda dos europeus ao Brasil, com ênfase nos desafios trazidos pelo período de redemocratização, no último cartel do século XX.

2.2.1 Brasil Colônia

A amplitude do território brasileiro e o modelo de colonização de exploração oligárquico-exportador de base escravocrata aqui implantado pelo Reino de Portugal no início do século XVI fizeram com que a ordem social, econômica e política da colônia brasileira permanecesse praticamente circunscrita às grandes propriedades rurais.

Com núcleos sociais definidos e praticamente independentes entre si e do governo central, nos quais vigia o sistema de dominação patriarcal, a assistência aos necessitados e aos enfermos era prestada pelo senhorio nas próprias fazendas de maneira privada e pessoal. As relações entre homens livres eram pautadas por laços de solidariedade vertical caracterizados pela troca individual de serviços e de lealdade pela proteção do senhorio – relação similar àquela entre vassalo e suserano do mundo feudal europeu –, denominada por aqui de clientelismo.

Se na Europa a Idade Média foi marcada pela pulverização de centros de poder, exercidos pela igreja, pelos reinos, pelos senhores feudais e, ao final, pelas corporações de ofício, na colônia brasileira o poder também foi exercido local e autonomamente. Ainda que tenha sido instalado pela coroa portuguesa no Brasil um governo geral, durante os primeiros séculos de exploração, o grande desafio foi promover a integração política e administrativa da colônia.

O direito estatal português era produzido de forma unitária e centralizada pela coroa, de modo que as Ordenações Afonsinas (1446), Manoelinas (1514) e Filipinas (1603) representaram a tentativa de integração e consolidação do Estado português. A autonomia dos núcleos populacionais da colônia, entretanto, fazia com que as relações sociais fossem disciplinadas e julgadas de acordo com regras estabelecidas localmente.

A aliança entre o reino de Portugal e a igreja católica na Europa, até meados do século XVIII, fez com que no Brasil a igreja exercesse durante séculos importante papel na organização da sociedade. Ao lado do poder exercido nas grandes fazendas, a igreja católica, com apoio da metrópole portuguesa, exerceu grande influência na ordem civil e assistencial. A vida social girava em torno das paróquias e dioceses, os registros civis ocorriam pelo batismo e pelo casamento.

Os serviços sociais eram prestados pelas confrarias – organizações de participação coletiva reconhecidas pelo direito civil e eclesiástico, criadas no entorno de capelas para ajuda mútua e prestação de auxílio aos necessitados. Ainda que com vinculação estreita ao poder da coroa portuguesa, a igreja católica foi a responsável pela criação de instituições do terceiro setor nos primeiros séculos da história brasileira.

Na assistência aos necessitados e enfermos, destaca-se a atuação das Irmandades de Misericórdia – confrarias responsáveis pela instalação dos primeiros hospitais em solo brasileiro, como a Santa Casa de Misericórdia de Santos, fundada em 1543 e a Irmandade de Misericórdia de São Paulo, fundada em 1560. Em uma época em que o trabalho possuía base escrava e não demandava grande qualificação, as atividades de ensino eram restritas às iniciativas de ordens religiosas como as dos jesuítas, franciscanos, beneditinos e carmelitas.

Tais empreendimentos contavam com o apoio da coroa portuguesa e eram mantidos tanto com dotações do reino quanto com doações de particulares. Falar-se de terceiro setor nesse período implica reconhecer sua vinculação tanto à igreja quanto à coroa, dado o vínculo entre ambas, o que tornava a prestação de serviços de interesse público uma iniciativa mais próxima do Estado do que da sociedade.

Essa condição, aliada à natureza da colonização de exploração, por meio das grandes propriedades rurais baseadas em relações de hierarquia, demonstra a inexistência de mobilização social duradoura promovida pela própria sociedade brasileira. Durante os três séculos, desde a chegada dos colonizadores, pode-se afirmar que não havia uma sociedade civil brasileira, a qual se encontrava em processo de formação, sempre em atraso em relação à própria formação do Estado brasileiro.

Esse processo deu-se ao inverso da experiência norte-americana. Como descreveu Alexis de Tocqueville, naquele país, marcado pelo associativismo e protagonismo social, a sociedade civil estruturou-se sob a forma das treze colônias, conquistou sua independência e constituiu o Estado americano.

No Brasil, as organizações criadas para a prestação de serviços sociais tiveram sua origem no sentimento de caridade e solidariedade, mas foram desenvolvidas por instituições já consolidadas, em especial, a igreja. Do mesmo modo, as manifestações sociais autônomas voltadas à promoção e à defesa de direitos consistiram, basicamente, em ações pontuais, como a participação de organizações maçônicas no processo de independência, já no século XIX.

A ausência de dados históricos de movimentos organizados e duradouros com o objetivo de confrontar e transformar a ordem existente indica a pouca expressão de instituições do terceiro setor voltadas à *advocacy* no período de colonização brasileira.

2.2.2 Império

Com a proclamação da independência, em 1822, nasce o Estado brasileiro, que, sob a forma de Império, deixa de ser submetido a Portugal.

Do ponto de vista social, o Estado brasileiro surge alheio a qualquer protagonismo popular e não traz grandes alterações para a vida da sociedade. Em um período em que cerca de 25% (vinte e cinco por cento) da população era composta de escravos e índios e que metade da população era composta por agregados às grandes fazendas, a independência é marcada pela manutenção da estrutura política fundada em grandes propriedades rurais, regidas por relações de hierarquia baseadas no clientelismo.

Ainda que sob a influência das ideias liberais consolidadas nas revoluções burguesas da Inglaterra, Estados Unidos e França, o Estado brasileiro não nasceu de um movimento de ruptura contra o exercício autoritário do poder, mas de uma reorganização política com vistas à manutenção da estrutura social vigente.

A Constituição de 1824 foi marca do embate entre o liberalismo, a tendência autoritária do poder local e a necessidade de se promover a integração nacional. Exemplo disso foi, de um lado, a criação do poder moderador, por meio do qual o imperador tinha competência para intervir no funcionamento dos demais poderes; de outro, a delimitação de uma série de direitos individuais – a primeira geração dos direitos fundamentais a serem expressamente consagrados nas constituições – em relação aos quais era vedada a interferência estatal.

Em seu artigo 179, a Carta Constitucional de 1824 trazia o rol dos direitos civis e políticos, fundados nos direitos à liberdade, à segurança e à propriedade. É importante ressaltar que, dentre os direitos individuais arrolados, constavam dois dispositivos que assinalavam a tendência, apenas mais tarde confirmada, de intervenção do Estado na ordem social. Trata-se dos incisos XXXI e XXXII do artigo 179, que previam a garantia dos socorros públicos e a gratuidade da instrução primária para todos os cidadãos. Ainda que divorciadas da realidade, tais previsões indicavam o caminho posteriormente seguido a partir da Constituição de 1934.

A Constituição de 1824 manteve a simbiose entre Estado e igreja, ao adotar o catolicismo como religião oficial do império, mas consolida a liberdade religiosa. Com isso, durante todo o século XIX, igrejas protestantes instalaram-se no país e passaram a fundar entidades sem fins lucrativos dedicadas à prestação de serviços sociais, em especial a educação.

Mesmo com a previsão constitucional de garantia pelo Estado dos socorros públicos e do ensino fundamental gratuito, na prática tais atividades eram desempenhadas por entidades vinculadas às igrejas, que já não contavam com o apoio público do período anterior. É que, com a consolidação do poder do Estado, a aliança entre reis e igreja deixou de ser indispensável para a manutenção do poder; e com a estruturação do aparato estatal, as atividades civis antes desempenhadas pela igreja passam a ser oferecidas pelo próprio Poder Público.

No que se refere à atividade de *advocacy*, apesar do registro de mobilizações, revoltas e campanhas, voltadas à defesa de interesses, as referências históricas de organizações consolidadas para a defesa de direitos restringem-se à defesa dos direitos dos escravos. Entidades denominadas de caixas emancipacionistas, clubes e associações abolicionistas organizaram uma série de passeatas, comícios e manifestações que tiveram importante influência no processo de abolição da escravatura.

2.2.3 Primeira República

O Decreto nº 1, de 15 de novembro de 1889, proclamou, e a Constituição de 1891 organizou definitivamente o Estado brasileiro como República Federativa.

Consolidou-se o modelo liberal de Estado, com ampliação do rol de direitos individuais. Passaram a constar expressamente, no artigo 72 do texto constitucional, a liberdade de associação, a liberdade de reunião e a liberdade de culto. Em 1917 entrou em vigor o Código Civil, que, com seu caráter individualista, conservador e patrimonialista, passou a representar verdadeira *constituição da sociedade civil*.

A menção constitucional aos direitos sociais – acanhada, mas existente na Carta de 1824 – foi suprimida, restando apenas mera referência ao serviço público de educação no dispositivo em que a Constituição determina que o ensino prestado nos estabelecimentos públicos seja leigo.

Ao proibir quaisquer subvenções oficiais e parcerias entre o Poder Público e cultos ou igrejas, a Constituição de 1891 marcou definitivamente a separação entre o poder temporal do Estado e o poder eclesiástico. Nesse período, as entidades vinculadas às igrejas mantiveram seu protagonismo na prestação de serviços sociais, não mais financiadas pelo Poder Público, mas pela caridade de seus fiéis.

O próprio D. Pedro II prestava relevante auxílio pessoal a atividades de assistência a necessitados, tanto que por meio do Decreto nº 5, de 19 de novembro de 1889, com o fim de manter a sobrevivência dos beneficiados, o Estado assumiu tais contribuições.

No plano social, ao lado das entidades ligadas à fé, importante papel na prestação de serviços foi assumido por sociedades beneficentes de auxílio mútuo. Criadas por grupos de imigrantes para prestar assistência e amparo a seus associados desempregados, enfermos e inválidos, algumas dessas entidades exerciam também atividade econômica. Impulsionadas pelo processo de urbanização, industrialização e desenvolvimento do comércio, algumas organizações tomaram um caráter politizado que deu origem ao movimento sindical, com forte atuação na reivindicação de direitos dos trabalhadores. Do mesmo modo, surgiram numerosas entidades de classe e associações patronais.

Nesse contexto liberal, em que o Estado, de um lado, não intervinha na esfera econômica e social e, de outro, não restringia o direito de associação, multiplicaram-se as organizações voluntárias de caridade e de benefício mútuo, os sindicatos, as entidades patronais e entidades de classe.

Neste cenário, ficava cada vez mais clara a separação entre a esfera pública e a esfera privada, as quais caminhavam de modo independente, sendo que o auxílio social não era função pública *a priori*. Ainda que houvesse importantes manifestações do que se conhece hoje como terceiro setor, todas as iniciativas de origem privada eram reguladas pelo direito privado e não estavam sujeitas ao incentivo oficial e ao controle formal pelo Estado.

Os apoios de origem pública às instituições do terceiro setor decorriam muito mais do sentimento de caridade dos governantes do que de qualquer dever legal. Tal relação pode ser ilustrada pelo costume, institucionalizado na década de 1920, segundo o qual entidades prestadoras de serviços de interesse público recebiam auxílio do Estado por meio de pedidos endereçados ao Presidente da República, o qual autorizava o repasse de recursos – advindos da chamada contribuição de caridade, cobrada sobre a importação de bebidas alcoólicas.

2.2.4 Era Vargas

A dicotomia entre o público e o privado deixou de ter nitidez a partir da década de 30 (trinta), quando iniciou o processo de intervenção estatal na esfera privada dos cidadãos. Seguindo o movimento de transformação do Estado, iniciado no final do século XIX, na Alemanha de Bismarck, o Estado brasileiro passou a interferir na ordem econômica e social, assumindo o dever de garantir não apenas os direitos fundamentais de primeira geração, mas também direitos fundamentais sociais de segunda geração.

É importante ressaltar que a ação estatal de prestação de atividades de bem-estar passou a ocorrer nos diversos contextos nacionais, tanto pela via direta, com a criação de estruturas públicas de prestação de serviços, quanto pela via indireta, com mecanismos mais ou menos organizados de incentivo a instituições do terceiro setor.

Ao fim da Revolução de 1930, o Decreto nº 19.398, de 11 de novembro de 1930, marcou o rompimento com a ordem constitucional de 1891, cuja transição se completou com a Constituição de 1934, primeiro passo rumo ao modelo social de Estado no Brasil.

No preâmbulo do texto constitucional de 1934 constava que o objetivo do Estado era assegurar não apenas a liberdade e a justiça, mas também o bem-estar social e econômico. Nos Títulos IV e V, denominados *Da ordem econômica e social e da família, da educação e da cultura,* houve o reconhecimento constitucional dos sindicatos (art. 120), a enumeração de uma série de direitos trabalhistas, dentre os quais a assistência médica ao trabalhador e à gestante (art. 121) e a consagração do direito à educação e ao ensino primário gratuito (art. 149 e art. 150, parágrafo único, "a").

O texto constitucional fazia menção ao princípio da solidariedade (art. 149), reconhecia o dever solidário entre os entes federativos de incentivar a cultura (art. 148), de promover a assistência social, com vinculação de um por cento da receita tributária ao amparo à maternidade e à infância (art. 138 e art. 141), e de estimular e prestar, supletivamente à iniciativa privada, os serviços de educação (art. 149 e art. 150). No artigo 140 era prevista a organização de um serviço nacional de combate às grandes endemias. Na ordem tributária, o artigo 154 da Constituição previa a isenção de qualquer tributo aos estabelecimentos particulares de educação gratuita oficialmente considerados idôneos.

Em 1937 é imposta nova Constituição por Getúlio Vargas, marcada pela centralização de competências nas mãos do Poder Executivo federal, caracterizado como autoridade suprema do Estado (art. 73); pela limitação de direitos individuais, como a censura prévia (art. 122, inciso XV); e pela manutenção dos direitos de índole social, exceto no que se refere ao dever de prestação de assistência social, que deixou de constar do texto de 1937. O trabalho foi caracterizado como um dever social (art. 136). Da análise dos artigos 124 e seguintes, seguindo a tendência inaugurada com a Constituição de 1934, ficou evidenciada a natureza subsidiária da participação estatal na prestação de serviços de educação e de cultura, cuja oferta foi prioritariamente atribuída à iniciativa privada, por meio de instituições do terceiro setor. Nos termos da Constituição de 1937, ao Estado cumpria incentivar tais entidades, suprir suas deficiências e, na sua inexistência, prestar diretamente tais serviços. Não havia menção, como houvera na Constituição anterior, a benefícios tributários e à vinculação de receitas a instituições do terceiro setor.

Com a regulamentação da atividade sindical, associações de classe e sindicatos tiveram sua atuação atrelada ao Estado, de modo que, sob a influência do Poder Executivo, perderam sua independência e força como agentes de defesa dos interesses de seus associados. Seu caráter de mobilização na defesa de direitos foi substituído pelo dever legal de prestar assistência educacional a seus associados e familiares, conforme previsto pelo artigo 129 da Constituição de 1937.

A consolidação da legislação trabalhista e previdenciária fez diminuir o número de associações de autoajuda criadas com tais objetivos e, especialmente no período ditatorial, a partir de 1937, as associações de defesa de direitos passaram a ser perseguidas pelo Estado.

Enquanto as entidades independentes politizadas e reivindicadoras de direitos foram cooptadas ou combatidas pelo Estado, as entidades prestadoras de serviços públicos sociais receberam mais apoio.

Em 1931, foi criada a Caixa de Subvenções, a partir da qual o Ministério da Justiça passou a desempenhar a função de análise e fiscalização dos pedidos de subvenção social a partir de critérios previamente definidos. Em 1938 foi criado o Conselho Nacional do Serviço Social – CNSS, consolidando a aliança entre o Estado e as entidades prestadoras de serviços nas áreas da assistência social, saúde e educação. Originariamente vinculado ao Ministério da Educação e da Saúde, o CNSS era formado por membros da sociedade civil ligados à área cultural e filantrópica, tendo como atribuições a regulamentação da assistência social no País, estando incluídas em sua esfera de atribuição tanto a educação como a saúde, bem como a avaliação de pedidos de subvenções, para posterior aprovação pelo Ministério e homologação pela Presidência da República. Após o crescimento da demanda e o significativo número de requerimentos por recursos públicos pelas entidades, o CNSS passou a ter como principal atividade a análise dos pedidos de subvenção.

Também nesse período surgiu a Lei nº 91, de 28 de agosto de 1935, instituindo a conhecida declaração de Utilidade Pública. Tratava-se de um reconhecimento do poder público federal às entidades dotadas de personalidade jurídica de direito privado, constituídas no País, que não remuneram seus dirigentes, que estejam em efetivo funcionamento e sirvam desinteressadamente à coletividade. A vedação à vinculação de qualquer benefício decorrente do Título de Utilidade Pública constava expressamente do artigo 3º da Lei nº 91/35.

Ao final da década de trinta, ganharam força dois movimentos claros no trato do Estado com a questão social. Por um lado, surgiram mecanismos de reconhecimento e de formalização dos instrumentos de incentivo estatal às entidades prestadoras de serviços de interesse público, representadas em sua maioria por instituições vinculadas a igrejas e a grupos de imigrantes. A atuação do CNSS destacou-se como órgão cartorial de controle de subvenções sociais, enquanto foram criadas leis concedendo isenções tributárias.

Por outro lado, a regulação da atividade dos sindicatos retirou seu caráter político e tornou tais entidades verdadeiras prestadoras de serviços ao conjunto de cidadãos vinculados ao setor produtivo representado. Assim sendo, enquanto a legislação trabalhista e previdenciária, bem como a atuação dos sindicatos, oferecia proteção social aos trabalhadores e aos seus familiares; o atendimento aos desempregados e excluídos do setor produtivo ficava a cargo da filantropia privada, que passou a contar com apoio estatal formal.

2.2.5 Segunda República

A Constituição de 1946 restabeleceu o equilíbrio de freios e contrapesos entre os poderes da República, retomando a garantia dos direitos individuais e ampliando o caráter democrático do Estado brasileiro, com adoção do voto secreto e universal.

No que se refere à ordem social e à atuação do terceiro setor, o novo texto constitucional ampliou a imunidade de impostos a todas as instituições de educação e de assistência social, cujas rendas fossem aplicadas integralmente no país para os respectivos fins (art. 31, VI); manteve o direito à assistência médica e hospitalar aos trabalhadores e gestantes (art. 157, XIV), garantiu a assistência à maternidade, infância e adolescência (art. 165); previu o direito à educação, a gratuidade do ensino primário oficial e a gratuidade do ensino oficial posterior àqueles com insuficiência de recursos, bem como a vinculação de dez por cento da receita de União e de vinte por cento da receita de Estados e municípios ao desenvolvimento do ensino (artigos 166 e seguintes); e assumiu o dever estatal de amparo à cultura (art. 174). Houve, assim, o reconhecimento ainda mais claro do que nos textos anteriores do dever estatal de garantia e de prestação de serviços de interesse público, ainda que de maneira não universal.

Para a consecução de tais objetivos, o Estado brasileiro passou a fomentar com mais intensidade as entidades filantrópicas, por meio de incentivos fiscais e tributários, e criou estruturas de natureza pública e de natureza privada, ambas vinculadas ao Estado, com o objetivo de complementar a prestação de tais serviços e de regulamentar sua prestação.

Por determinação legal, foram instituídos nesse período os serviços sociais autônomos, como o Serviço Nacional de Aprendizagem Industrial – SENAI (1942), o Serviço Social do Comércio – SESC (1946), o Serviço Social da Indústria – SESI (1946) e o Serviço Nacional da

Aprendizagem Comercial – SENAC (1946), pessoas jurídicas de direito privado, com o objetivo de prestar educação profissional e assistência aos cidadãos vinculados ao setor produtivo.

Com a criação de núcleos regionais de atuação tanto da área assistencial quanto na área técnica e educacional, os serviços sociais autônomos institucionalizaram iniciativas de empresários na prestação de serviços assistenciais e na formação profissional da população vinculada ao aparelho produtivo. Ainda que de natureza privada e vinculadas às confederações da indústria e do comércio, tais entidades eram mantidas, em grande parte, com recursos públicos arrecadados por meio da contribuição sindical.

Nesse contexto, pode-se perceber que a organização da assistência pelo Estado brasileiro adotava posturas diversas conforme o público-alvo: em relação às camadas organizadas, vinculadas ao setor produtivo, o amparo era oferecido pela proteção da legislação trabalhista e previdenciária e pelo atendimento sistematizado dos serviços sociais autônomos; em relação aos cidadãos desvinculados do mercado de trabalho, a assistência era ofertada pelas entidades filantrópicas, que passaram a contar com mais mecanismos de incentivo fiscal e tributário e com a participação de um novo organismo estatal, a Legião Brasileira de Assistência Social – LBA.

A LBA foi criada em 1942 com o objetivo de prestar diretamente ou em parceria com entidades privadas serviços de assistência social. Com amplo alcance, por meio de órgãos nacionais, estaduais e municipais, a LBA atuava em todas as áreas da assistência social, prestando serviços, mobilizando e coordenando ações públicas e privadas. A entidade assumiu o papel de organizadora da assistência social, desvinculada do setor produtivo no país. Enquanto isso, o CNAS, originariamente criado para tal função, incumbiu-se, definitivamente, de um caráter fiscalizador e repassador de auxílios e subvenções.

Em 1951, o CNSS passou a não apenas analisar pedidos de subvenção, mas também a gerenciar o denominado Registro Geral de Instituições. Surgiu, assim, o conhecido Registro no CNSS, o qual acabou se tornando requisito para a concessão de benefícios fiscais às entidades prestadoras de serviços de interesse público. No período, uma série de isenções e a possibilidade de dedução do imposto devido no caso de doações foram previstas pela legislação federal, mas com a exigência de que as entidades beneficiárias possuíssem o registro no CNSS ou o título de utilidade pública.

Em 1959, foi oficializada a possibilidade de isenção fiscal da contribuição à previdência social, sendo que a lei instituidora do benefício determinou que teriam acesso à isenção apenas as entidades dotadas do Certificado de Fins Filantrópicos. Surgiu nesse momento mais uma atribuição ao CNSS: fornecer o referido certificado. Além disso, determinou-se como exigência para obtenção do Certificado de Fins Filantrópicos a obtenção prévia do Título de Utilidade Pública, consolidando o processo de desvirtuamento da finalidade de tal qualificação – cujo artigo 3º vedava sua vinculação a qualquer benefício.

Com a liberdade de associação respeitada e com a ampliação dos incentivos fiscais e tributários, novas instituições do terceiro setor foram criadas no Brasil. Marcas dessa proliferação do terceiro setor no período foram as novas entidades assistenciais vinculadas à igreja católica, a outras religiões e a grupos de imigrantes que se instalaram no país; as sociedades de bairro e os movimentos comunitários que se organizaram; as entidades politizadas, à direita e à esquerda, que se reestruturaram; e os sindicatos e entidades de classe, que alcançaram certa autonomia em relação ao Estado.

2.2.6 Período ditatorial e redemocratização

Com o golpe de 1964, o cenário foi significativamente alterado. Iniciou-se um período de ditadura, com grande centralização de poder pelo Executivo federal, cujos limites ultrapassam a própria Constituição. Por meio de atos institucionais, durante todo o período até a Emenda Constitucional nº 11 de 1978, o Brasil viveu um período de restrição aos direitos individuais, marcado pela repressão aos movimentos sociais, dissolução de partidos políticos, intervenção em universidades e em sindicatos, bem como perseguição às lideranças sociais e censura à imprensa.

Na regulação social, tanto a Constituição de 1967 quanto a Constituição de 1969, instituída pela Emenda Constitucional nº 1 de 1969, mantiveram a intervenção do Estado, com a gratuidade do ensino primário nos estabelecimentos oficiais e a gratuidade dos ensinos médio e superior públicos àqueles com efetivo aproveitamento e insuficiência de recursos (art. 176 de ambos os textos). Além disso, houve a ampliação para treze por cento da vinculação de receitas da União para a educação e para vinte e cinco por cento da receita de estados e municípios (art. 176 da Constituição de 1967, suprimido pela Constituição de 1969).

A prestação de assistência à maternidade, infância, adolescência e educação de excepcionais não foi assumida como dever do Estado, constando apenas que sua regulação se daria por lei especial (art. 175 de ambos os textos). A assistência médica e hospitalar foi mantida como direito dos trabalhadores (art. 165, XV, de ambos os textos constitucionais).

Ainda que mantido o caráter subsidiário de atuação estatal, o período foi marcado pelo crescimento de estruturas públicas voltadas à prestação e à organização dos serviços sociais nos três níveis federais. Órgãos estaduais e municipais assumiram importante papel no atendimento social, de modo que o sistema de atendimento social se tornou cada vez mais complexo.

A participação privada foi mantida, sendo que o vínculo com o Poder Público passou a ser definido por acordos informais, que deram origem aos convênios. Apesar de já previsto na legislação infraconstitucional, como no Decreto-Lei nº 29.425/1951, que previa o convênio como um dos mecanismos de repasse de subvenções às entidades públicas, a previsão constitucional de tal modelo de ajuste apenas foi inaugurada pela Constituição de 1967, sendo posteriormente mantida pela Constituição de 1969. Ambas as Constituições dispunham no art. 13, §3º, que "a União, os Estados e os Municípios poderão celebrar convênios para execução de suas leis, serviços ou decisões, por intermédio de funcionários federais, estaduais ou municipais".

Nos termos do Decreto-Lei nº 200/1967, o convênio foi descrito como instrumento para viabilizar a descentralização das atividades da Administração federal para as unidades federadas. Pode-se verificar, assim, que o convênio foi criado como um vínculo formado entre entidades públicas como instrumento de descentralização administrativa. Depois, o instrumento passou a ser utilizado também para a união de esforços de entidades públicas e entidades privadas, prestadoras de serviços sociais, com finalidade econômica ou não.

Tanto as entidades federais, como a LBA – transformada pelo regime militar em fundação –, quanto as entidades estaduais e as municipais passaram a utilizar os convênios para a celebração de parcerias com outras entidades públicas ou privadas, tendo por objeto a prestação de serviços. A vantagem trazida pelos convênios referia-se à responsabilidade assumida pelos entes parceiros quanto à aplicação dos recursos. Se na subvenção os recursos repassados eram investidos em despesas gerais de custeio da entidade privada, nos convênios o repasse dos recursos passou a depender da aprovação de planos de aplicação e contraprestação, o que permitiu maior controle sobre os gastos da entidade conveniada.

Para celebração de convênios com entidades privadas sem fins lucrativos era exigido registro no CNSS, aumentando ainda mais a função cartorial do órgão, que a esse tempo já tinha sua atuação submetida aos interesses de parlamentares.

No plano tributário, a imunidade das instituições de educação e de assistência social foi mantida. Entretanto, iniciou-se um processo de restrição dos benefícios tributários, previstos em lei a partir da década de 1970, com a criação de requisitos cada vez mais restritos para a sua fruição. Exemplo disso ocorreu em 1977, quando foi revogada a lei que previa a isenção das entidades portadoras do Certificado de Fins Filantrópicos, com a manutenção do benefício àquelas entidades que já o detinham. Tal benefício foi restabelecido apenas em 1991, com a Lei Orgânica da Seguridade Social.

O período autoritário foi marcado, portanto, por dois cenários distintos. O primeiro foi pautado pela criação e pela ampliação de estruturas estatais federais, estaduais e municipais, encarregadas da prestação direta e indireta de serviços sociais, com ampliação dos incentivos estatais às entidades prestadoras de serviços, por meio de subvenções, convênios e incentivos fiscais. O segundo cenário foi marcado pela forte repressão e perseguição dos movimentos sociais de índole política. Como consequência desta bifurcação entre patrocínio estatal e a repressão, no período de redemocratização instaurou-se uma complexa e burocrática estrutura de atenção social, que acabou dando espaço ao florescimento de associações e de movimentos sociais de defesa de direitos, em especial pela redemocratização.

O significativo aumento no número de movimentos associativos no final desse período ocorreu em nível nacional e internacional. No âmbito externo, com o movimento de globalização, tomaram corpo grandes entidades supranacionais de defesa e de promoção de direitos, como do meio ambiente, da democracia e da paz. No espectro interno, no processo de redemocratização, com importante participação da ala da Igreja Católica, inspirada pela Teologia da Libertação, ganharam relevo movimentos sociais estruturados de defesa das liberdades civis e demais direitos fundamentais. Esse caráter político, de antagonismo em face do Estado, marcou o surgimento da denominação ONG no Brasil, a qual, mais tarde, passou a ser utilizada para designar todo o universo do terceiro setor.

É nesse momento histórico que o conjunto de instituições de origem variada, com a finalidade de defesa dos direitos fundamentais, passou a ser reconhecido socialmente, ao lado do Estado e das empresas privadas, como protagonista do desenvolvimento econômico, social e político. Daí a consagração da denominação terceiro setor, categoria posicionada entre o primeiro setor (Estado) e o segundo setor (mercado), como símbolo do rompimento da dicotomia *público x privado*.

Nos países ocidentais centrais, a consolidação desse conjunto de entidades deu-se em meio ao processo de reformulação do Estado social, em geral com redução do aparato estatal e aumento das atividades sociais prestadas pela sociedade. Já no Brasil, o crescimento e a consolidação do terceiro setor ocorreram sob o processo de reafirmação dos direitos de primeira dimensão, juntamente com a liberdade política democrática, em face ao autoritarismo até em então vigente.

2.2.7 Constituição de 1988

A Emenda Constitucional nº 26, de 1985, configurou o ato político por meio do qual foi convocada a Assembleia Constituinte, que, nos anos de 1987 e 1988, elaborou o texto da Constituição de 1988.

Sem partir de um projeto inicial, o texto constitucional foi elaborado por oito Comissões Temáticas e reunido por uma Comissão de Sistematização, sendo que ao final, no dia 5 de outubro de 1988, restou promulgada a Constituição da República Federativa do Brasil, composta de 245 artigos e 73 disposições transitórias.

Tal metodologia, aliada às pressões sociais, políticas e corporativas de uma sociedade que se encontrava em efervescência, fez com que o texto constitucional trouxesse um vasto rol de direitos e de deveres estatais, alguns dos quais, aliás, com aplicabilidade imediata e independentes de complexa regulamentação.

Ao contrário do padrão que vinha sendo adotado pelas pretéritas constituições brasileiras, a Constituição de 1988, antes de tratar da organização do Estado, enuncia os princípios, direitos e garantias fundamentais. Esta característica do texto constitucional é sintoma da importância atribuída aos direitos fundamentais no ordenamento pátrio.

No Título I, denominado *Dos princípios fundamentais*, são consagrados direitos fundamentais de terceira e de quarta gerações. No artigo 1º são enunciados, como fundamentos da República Federativa do Brasil, a soberania, a cidadania, a dignidade da pessoa humana, os valores sociais do trabalho e da livre-iniciativa e o pluralismo político.

Como objetivos do Estado brasileiro constam, relacionadas à construção de uma sociedade livre, justa e solidária, a garantia do desenvolvimento nacional, a erradicação da pobreza, a redução das desigualdades sociais e regionais e a promoção do bem de todos, sem qualquer discriminação ou preconceito.

No Título II, denominado *Dos direitos e garantias fundamentais*, o artigo 6º enumera como direitos sociais os direitos à educação, saúde, alimentação, trabalho, moradia, transporte, lazer, segurança, previdência social, proteção à maternidade e à infância, assistência aos desamparados.

Verifica-se, portanto, a consagração definitiva de um Estado social e democrático de direito, dotado de um vasto rol de direitos fundamentais, com especial destaque àqueles dependentes de prestações, como saúde, educação, previdência e assistência social. Um modelo de Estado que demanda uma nova interpretação do Direito até então legislado, bem como a criação de novas leis voltadas à disciplina dos novos direitos constitucionalmente consagrados. A Constituição de 1988 exigiu, assim, a construção de um novo Direito.

Nesse sentido, autores como Luiz Edson Fachin passaram a defender a "repersonalização" do Direito Privado, com o posicionamento da dignidade da pessoa humana no centro do sistema jurídico. Conforme o autor, a racionalidade constituinte e reguladora do Estado cedeu espaço para as razões da sociedade, de modo que os pilares do Direito Privado (propriedade, família e contrato) foram redirecionados de uma perspectiva fundada no patrimônio e na abstração para uma perspectiva baseada na dignidade da pessoa.

No mesmo sentido, autores como Marçal Justen Filho passaram a aludir à "personalização" do Direito Público, de modo a se reconhecer que a Administração Pública não é um fim em si mesma, mas um instrumento voltado à concretização dos direitos fundamentais. Nas palavras do autor, "a personalização do direito administrativo retrata a rejeição à supremacia da burocracia sobre a sociedade civil".

Assim, além da virada doutrinária promovida pelo novo texto constitucional, com irradiação dos novos valores constitucionais sobre a interpretação do direito posto, os anos seguintes à promulgação do texto constitucional trouxeram uma série de leis setoriais que passaram a regulamentar a nova ordem social brasileira, dentre as quais, podem ser citadas:

- a Lei Orgânica da Saúde – Lei nº 8.080, de 19 de setembro de 1990;
- a Lei Orgânica da Seguridade Social – Lei nº 8.212, de 24 de julho de 1991;
- a Lei Orgânica da Assistência Social – Lei nº 8.724, de 7 de dezembro de 1993;
- a Lei de Diretrizes e Bases da Educação – Lei nº 9.394, de 20 de dezembro de 1996.

Especificamente no que toca ao terceiro setor, a Constituição de 1988 apresenta em seu Título VIII, denominado *Da ordem social*, importantíssima novidade. Isso porque, ao passo que estende a proteção social a todos os cidadãos, o teto constitucional atribui expressamente à sociedade civil – por meio de cidadãos, famílias e instituições do terceiro setor, as quais são designadas por expressões diversas – o dever de contribuir para a consecução dos objetivos do Estado brasileiro e a efetivação dos direitos sociais. Essa chamada à corresponsabilização dos diversos atores sociais na concretização de direitos fundamentais consta de uma série de dispositivos constitucionais, dentre os quais é possível relacionar:

> Art. 194. A seguridade social compreende um conjunto integrado de ações de iniciativa dos Poderes Públicos e da sociedade, destinadas a assegurar os direitos relativos à saúde, à previdência e à assistência social.
>
> Art. 197. São de relevância pública as ações e serviços de saúde, cabendo ao poder público dispor, nos termos da lei, sobre sua regulamentação, fiscalização e controle, devendo sua execução ser feita diretamente ou através de terceiros e, também, por pessoa física ou jurídica de direito privado.
>
> Art. 198. As ações e serviços públicos de saúde integram uma rede regionalizada e hierarquizada e constituem um sistema único, organizado de acordo com as seguintes diretrizes: (...)
> III - participação da comunidade.
> Art. 199. (...)
> §1º As instituições privadas poderão participar de forma complementar do sistema único de saúde, segundo diretrizes deste, mediante contrato de direito público ou convênio, tendo preferência as entidades filantrópicas e as sem fins lucrativos.
> Art. 204. (...)

II - participação da população, por meio de organizações representativas, na formulação das políticas e no controle das ações em todos os níveis.

Art. 205. A educação, direito de todos e dever do Estado e da família, será promovida e incentivada com a colaboração da sociedade, visando ao pleno desenvolvimento da pessoa, seu preparo para o exercício da cidadania e sua qualificação para o trabalho.

Art. 213. Os recursos públicos serão destinados às escolas públicas, podendo ser dirigidos a escolas comunitárias, confessionais ou filantrópicas, definidas em lei, que:

I - comprovem finalidade não lucrativa e apliquem seus excedentes financeiros em educação;

II - assegurem a destinação de seu patrimônio a outra escola comunitária, filantrópica ou confessional, ou ao poder público, no caso de encerramento de suas atividades.

Art. 225. Todos têm direito ao meio ambiente ecologicamente equilibrado, bem de uso comum do povo e essencial à sadia qualidade de vida, impondo-se ao poder público e à coletividade o dever de defendê-lo e preservá-lo para as presentes e futuras gerações.

Art. 219. (...)

Parágrafo único. O Estado estimulará a formação e o fortalecimento da inovação nas empresas, bem como nos demais entes, públicos ou privados, a constituição e a manutenção de parques e polos tecnológicos e de demais ambientes promotores da inovação, a atuação dos inventores independentes e a criação, absorção, difusão e transferência de tecnologia.

Art. 219-A. A União, os Estados, o Distrito Federal e os Municípios poderão firmar instrumentos de cooperação com órgãos e entidades públicos e com entidades privadas, inclusive para o compartilhamento de recursos humanos especializados e capacidade instalada, para a execução de projetos de pesquisa, de desenvolvimento científico e tecnológico e de inovação, mediante contrapartida financeira ou não financeira assumida pelo ente beneficiário, na forma da lei.

Art. 219-B. O Sistema Nacional de Ciência, Tecnologia e Inovação (SNCTI) será organizado em regime de colaboração entre entes, tanto públicos quanto privados, com vistas a promover o desenvolvimento científico e tecnológico e a inovação.

Art. 227. É dever da família, da sociedade e do Estado assegurar à criança, ao adolescente e ao jovem, com absoluta prioridade, o direito à vida, à saúde, à alimentação, à educação, ao lazer, à profissionalização, à cultura, à dignidade, ao respeito, à liberdade e à convivência familiar e comunitária, além de colocá-los a salvo de toda forma de negligência, discriminação, exploração, violência, crueldade e opressão.

§1º O Estado promoverá programas de assistência integral à saúde da criança, do adolescente e do jovem, admitida a participação de entidades não governamentais, mediante políticas específicas e obedecendo aos seguintes preceitos: (...)

Art. 230. A família, a sociedade e o Estado têm o dever de amparar as pessoas idosas, assegurando sua participação na comunidade, defendendo sua dignidade e bem-estar e garantindo-lhes o direito à vida.

Percebe-se, assim, que a responsabilidade pela consecução dos objetivos do Estado brasileiro, voltados à concretização dos direitos fundamentais, é atribuída tanto ao aparato estatal quanto à sociedade e ao terceiro setor. Nessa perspectiva, a Constituição de 1988 amplia tanto o padrão anterior de corresponsabilidade estatal e privada na concretização dos direitos fundamentais quanto o dever estatal de garantia de tais direitos a toda a população que deles necessitar.

Isso não significa dizer, como se verá adiante, qualquer restrição das tarefas estatais na área social. Tais deveres decorrem expressamente dos direitos consagrados e das competências atribuídas ao Estado ao longo do texto constitucional. Portanto, a responsabilidade social do terceiro setor não limita, suspende ou afasta o dever de o Poder Público – direta ou indiretamente – concretizar cada um dos direitos fundamentais relacionados na Constituição de 1988.

Como consequência de todas essas mudanças, na década de 1990 foram criados milhares de instituições sem fins lucrativos no Brasil. Entidades assistenciais, de educação, de saúde, de previdência, de defesa do consumidor, do meio ambiente, dos direitos dos negros, das mulheres, das crianças, dos homossexuais, da paz, da cidadania. Entidades locais, regionais, nacionais e internacionais. Redes, ligas, grupos de entidades. Entidades prestadoras de serviços, de defesa de direitos, entidades financiadoras de outras entidades. Entidades dependentes exclusivamente de recursos públicos e entidades completamente independentes do Poder Público. Entidades mantidas pela contribuição de cidadãos, por recursos internacionais, por empresas privadas, pela receita auferida com a prestação de serviços remunerados. Entidades fiscalizadoras da ação estatal e entidades fiscalizadoras da atuação das próprias ONGs. Enfim, o terceiro setor se multiplicou exponencialmente, seja no número de instituições, seja em seus mecanismos de atuação.

Foram criados também novos serviços sociais autônomos integrantes do Sistema S, como o Serviço Brasileiro de Apoio às Micro e Pequenas Empresas – SEBRAE, o Serviço Nacional de Aprendizagem Rural – SENAR, Serviço Social do Transporte – SEST, o Serviço Nacional de Aprendizagem do Transporte – SENAT e o Serviço Nacional de Aprendizagem do Cooperativismo – SESCOOP.

No entanto, as transformações promovidas pelo novo texto constitucional não alteraram de imediato o quadro de participação do terceiro setor na prestação de serviços de interesse público. Mesmo com ajustes organizacionais, como a transformação do CNSS em CNAS, a extinção da LBA e a criação da Secretaria da Assistência Social, vinculada ao Ministério da Previdência e Assistência Social, a colaboração entre o Estado e o terceiro setor na saúde, na educação e na assistência social continuou a ocorrer por meio de subvenções, de convênios e de incentivos fiscais.

Além disso, todas as modalidades permaneceram dependentes dos títulos e dos certificados, criados ao longo das décadas de trinta a cinquenta, concedidos principalmente pelo CNAS. Assim, possíveis desvios e influências políticas continuaram sob a zona de influência do terceiro setor, restringindo a independência e a saúde econômica efetiva.

Do mesmo modo, as parcerias do Poder Público com instituições do terceiro setor para a prestação de serviços sociais não foram alteradas logo após a promulgação da Constituição de 1988, de modo que as práticas clientelistas e a ineficiência política no sistema de amparo social permaneceram. Esse quadro favoreceu a desmoralização dos mecanismos de relação entre o Estado e as instituições prestadoras de serviços de interesse público.

Não é por menos que, na década de noventa, o termo *pilantropia* passou a ser utilizado para referir-se aos desvios de recursos promovidos por instituições detentoras do título de utilidade pública e do certificado de fins filantrópicos, os quais, como visto, continuaram a configurar passaporte indispensável para uma série de benefícios oferecidos pelo Poder Público.

Episódios marcantes nesse processo de desmoralização, já na vigência da Constituição de 1988, foram divulgados. A corrupção na LBA durante o governo Collor de Mello desnudou a falta de controle sobre os recursos destinados à atenção social. Já o conhecido *escândalo dos anões do orçamento* escancarou o processo de influência política e de corrupção que dominavam os mecanismos de registro no CNSS, para emissão de certificados de fins filantrópicos e de destinação das subvenções pela comissão de orçamento do Congresso Nacional.

Assim, a nova Constituição – com nova interpretação do Direito, novas leis ordinárias e um novo terceiro setor – contrastou fortemente com o velho e deturpado modelo de relacionamento com o Estado. Tudo isso, aliado à expectativa social pela prestação dos serviços garantidos pela Constituição de 1988 e ao agravamento da crise financeira do Estado, conduziu à necessidade de transformação das relações do Estado com o terceiro setor.

2.2.8 Inovações e perspectivas pós-Constituição de 1988

Como consequência das numerosas tarefas sociais atribuídas ao Estado pelo novo texto constitucional, dois novos modelos de ajuste entre o Poder Público e as instituições do terceiro setor foram instituídos no Brasil ao final dos anos 1990. Trata-se dos Contratos de Gestão com as Organizações Sociais e dos Termos de Parceria com as Organizações da Sociedade Civil de Interesse Público.

Além disso, o antigo Certificado de Fins Filantrópicos – CFF passou a ser chamado de Certificado de Entidade Beneficente de Assistência Social – CEBAS. Sua referência normativa, que era dada pelo artigo 55 da Lei Orgânica na Seguridade Social, teve sua disciplina tratada em lei específica.

Mais recentemente, foram instituídos novos modelos de ajuste com o terceiro setor, os quais deram nova disciplina jurídica às parcerias com o terceiro setor e ressignificaram, conforme visto antes, a antiga noção de fomento estatal. Surgiram, assim, os Termos de Colaboração, Termos de Fomento e Acordos de Cooperação celebrados com instituições qualificadas pela lei como Organizações da Sociedade Civil.

Nesse quadro, podem ser relacionadas as quatro principais leis que versam sobre o terceiro setor no período pós-Constituição de 1988:
- a Lei nº 9.637, de 15 de maio de 1998, que trata dos Contratos de Gestão com Organizações Sociais na esfera federal;
- a Lei nº 9.790, de 23 de março de 1999, que disciplina os Termos de Parceria com as Organizações da Sociedade Civil de Interesse Público – OSCIPs;
- a Lei nº 13.019/14, que regula os Termos de Colaboração, Termos de Fomento e Acordos de Cooperação com as Organizações da Sociedade Civil – OSCs; e
- a Lei Complementar nº 187, de 16 de dezembro de 2021, que normatiza o Certificado de Entidade Beneficente de Assistência Social – CEBAS.

A adequada compreensão de cada um desses diplomas envolve a análise do contexto em que foram editados.

2.2.8.1 Organizações Sociais

O surgimento das Organizações Sociais insere-se no contexto de reforma pela qual passou grande parte dos Estados ocidentais no último cartel do século XX. O agravamento da crise do Estado, especialmente no que se refere à ineficiência na prestação de serviços públicos, em especial na área social, trouxe a necessidade de mudança na atuação estatal, o que foi promovido em solo pátrio por uma série de reformas nos níveis constitucional e infraconstitucional.

Para tanto, foi criado *o Plano Diretor da Reforma do Aparelho do Estado*, idealizado pelo Ministério da Administração Federal e da Reforma do Estado (MARE) e direcionado a alcançar maior efetividade e eficiência nas atividades da Administração Pública. O Plano de Reforma do Estado adotou um modelo conceitual baseado na distinção de quatro setores específicos de ação estatal, dentre os quais, *o setor de serviços não exclusivos do Estado*, composto por atividades prestacionais voltadas à garantia de direitos sociais, mas que não demandam o exercício do poder.

A proposta de reforma levada a cabo partiu da premissa de que a estrutura organizacional mais adequada para efetivar a prestação destes serviços seria o *setor público não estatal*. Deste modo, introduziu-se no Brasil o conceito de *público não estatal:* público pela finalidade e não estatal pela ausência de vínculo orgânico com o aparato organizacional administrativo do Estado.

Essa proposta foi materializada pela introdução, no ordenamento pátrio, de um novo modelo de relação entre o Estado e as instituições do terceiro setor, prestadoras de serviços de interesse público. Trata-se da Lei nº 9.637/98, a qual criou a certificação de Organização Social e disciplinou um novo modelo de ajuste, denominado Contrato de Gestão.

O objetivo materializado na Lei das Organizações Sociais foi possibilitar o trespasse da gestão de estruturas públicas, como unidades de saúde, centros de pesquisa, bibliotecas, teatros e museus, a instituições do terceiro setor certificadas como Organizações Sociais. Desde então, mais de 1.500 (um mil e quinhentas) estruturas públicas federais, estaduais, distritais e municipais passaram a ser gerenciadas por Organizações Sociais por meio de contratos de gestão.

2.2.8.2 Organizações da Sociedade Civil de Interesse Público – OSCIPs

Seguindo o processo de reforma do Estado, um ano após a publicação da Lei das Organizações Sociais, foi aprovada a Lei nº 9.790/99, que criou mais uma modalidade de certificação outorgada pelo Poder Público: a Organização da Sociedade Civil de Interesse Público, e instituiu a possibilidade de celebração de um outro novo instrumento de ajuste com o Poder Público, denominado Termo de Parceria.

A Lei das OSCIP foi elaborada a partir de uma série de discussões lideradas pelo Conselho Consultivo do Programa Comunidade Solidária, com o objetivo de transpor uma barreira: a inadequação da legislação disciplinadora das instituições do terceiro setor, em especial no que se refere às suas relações com o Poder Público. O crescimento expressivo do número de instituições desse setor e a diversificação de suas áreas de atuação, somados à relevância constitucional outorgada à participação da sociedade civil na consecução dos objetivos do Estado brasileiro, exigiram a adoção de novos mecanismos de apoio do Estado ao terceiro setor.

Afinal, como já delineado, a disciplina jurídica até então vigente, da outorga de títulos e certificados como requisitos para obtenção de incentivos públicos, era pautada por: i) burocratismo excessivo, ii) sobreposição de certificações, iii) ausência de critérios claros e transparentes para a obtenção dos reconhecimentos e iv) constante influência política nos processos de qualificação e de outorga dos benefícios.

Assim sendo, a Lei das OSCIP nasceu com o escopo de trazer critérios legais objetivos e aptos a definir quais entidades efetivamente possuem caráter público, bem como oferecer a estas entidades a possibilidade de obter apoio estatal, por meio de um mecanismo despido dos procedimentos excessivamente burocráticos e formais dos convênios: o já referido Termo de Parceria.

Nesse plano, tanto os contratos de gestão com as Organizações Sociais quanto os termos de parceria com as Organizações da Sociedade Civil de Interesse Público inserem-se no processo de transformação pelo qual tem passado o Estado brasileiro, que realça a importância do terceiro setor na concretização das tarefas impostas ao Estado pela Constituição de 1988. O mero incentivo descompromissado, típico dos convênios e dos empréstimos a fundo perdido, passou a ser substituído por mecanismos contemporâneos de fomento e execução de atividades sociais por instituições do terceiro setor – financiadas e fiscalizadas pelo Poder Público.

2.2.8.3 A nova lei do CEBAS

O Certificado de Entidade Beneficente de Assistência Social – CEBAS não configura inovação propriamente dita, mas teve seu regime jurídico alterado após a Constituição de 1988.

Conforme visto acima, a origem do CEBAS remonta à década de 1930, quando foi criado o Conselho Nacional do Serviço Social – CNSS, e à década de 1950, quando foi criado o Registro no CNSS e o Certificado de Fins Filantrópicos. Não obstante, os problemas acima relatados no período pós Constituição de 1988, acerca de desvios promovidos por políticos corruptos que direcionavam recursos orçamentários a entidades filantrópicas fantasmas, foram a mola propulsora das mudanças na regulamentação do CEBAS.

Nesse caminho de transformações, o primeiro passo foi a mudança de nome do certificado, que até 2001 era denominado Certificado de Fins Filantrópicos – CFF. Adotou-se, na ocasião, expressão idêntica àquela usada na Constituição Federal para prever a imunidade tributária a contribuições sociais para a seguridade social: certificado de *entidade beneficente de assistência social.*

O segundo passo foi a edição da Lei nº 12.101/09, que trazia disciplina detalhada tanto das exigências para a obtenção do CEBAS quanto dos requisitos para o reconhecimento da isenção tributária prevista na Constituição Federal. Assim, o tema, que antes era tratado pelo artigo 55 da Lei Orgânica da Assistência Social e pelo Decreto nº 2.536, de 6 de abril de 1998, ganhou um diploma legal específico.

Mais recentemente, o terceiro passo de mudanças consistiu na promulgação da Lei Complementar nº 187/21. Tal ato legislativo foi editado em decorrência do julgamento pelo Supremo Tribunal Federal do Recurso Extraordinário (RE) nº 566.622 e da ADI nº 4.480. Em tais julgamentos o STF entendeu, ainda que parcialmente, pela inviabilidade de regulamentação da imunidade tributária (art. 195, §7º da CF/88) por meio de lei ordinária. Daí ter o Congresso Nacional agido de modo a editar uma lei complementar que contém praticamente todas as exigências da antiga Lei Ordinária nº 12.101/09.

2.2.8.4 Organizações da Sociedade Civil – OSCs

Mais recentemente, a Lei nº 13.019/14 foi editada com o objetivo de substituir os convênios entre o Estado e as instituições do terceiro setor. O modelo de ajuste por meio de convênio, adotado em meados do século passado, caracteriza um modelo instável de parceria com o terceiro setor, especialmente por não ter disciplina legal detalhada e homogênea. Para superar isso, a Lei nº 13.019/14 possui caráter nacional e trata minuciosamente de cada etapa da celebração de uma parceria, sendo de observância obrigatória para todos os entes federativos, os quais devem criar decretos que a regulamentem internamente.

A Lei nº 13.019/14 não criou uma nova certificação, mas uma qualificação denominada Organização da Sociedade Civil – OSC. Isso porque, diversamente dos demais títulos e certificados, a OSC independe de qualquer manifestação estatal formal, sendo a mera obediência aos ditames legais suficientes para que uma entidade do terceiro setor seja uma OSC.

No que tange aos modelos de ajuste com o Poder Público, a Lei nº 13.019/14 prevê três modalidades: o Termo de Colaboração, o Termo de Fomento e o Acordo de Cooperação. Além de reforçar o uso da tecnologia para ampliação da transparência, a nova lei disciplina de modo bastante exaustivo o procedimento para escolha da entidade parceira, bem como os requisitos para celebração, execução e fiscalização do ajuste, além dos deveres voltados à prestação de contas da avença.

Todas essas mudanças retratadas nos tópicos precedentes, somadas à crescente demanda social por respostas satisfatórias na garantia de direitos fundamentais, fizeram com que o estudo do terceiro setor e de suas relações com o Estado tenha se tornado um importante e complexo objeto de investigação da ciência jurídica.

DIREITO DO TERCEIRO SETOR

O movimento histórico de reivindicação e fortalecimento dos direitos fundamentais, associado à determinação constitucional de participação social na materialização desses direitos, produziu três grandes efeitos no Brasil. O primeiro deles foi a explosão do número de instituições do terceiro setor existentes em solo pátrio. O segundo foi o aumento do número de leis e atos normativos voltados à disciplina das instituições. O terceiro efeito foi o surgimento de uma teoria jurídica voltada ao estudo dessa nova realidade. O desenvolvimento dessa teoria jurídica fez nascer um novo ramo didaticamente autônomo no Direito – o Direito do Terceiro Setor.

Conforme Marçal Justen Filho, esse ramo do Direito pode ser entendido como um conjunto de normas e institutos jurídicos assemelhados, que apresentam critérios homogêneos de modo a demandar seu tratamento conjunto e diferenciado em face das demais normas. Segundo o autor, o surgimento de ramos reflete o processo de especialização no estudo e na aplicação do Direito.

Nessa perspectiva, os novos Direitos do século XX trouxeram diferentes formas de aproximação e disciplina da realidade, com o reconhecimento e a autonomia de ramos do Direito até então secundários. Assim como aconteceu com o Direito Empresarial, o Direito Urbanístico, o Direito Ambiental, o Direito Eleitoral, o Direito Desportivo, o Direito Imobiliário, o Direito Bancário, o Direito da Saúde e tantos outros, um novo ramo jurídico deve percorrer um longo caminho até sua afirmação e reconhecimento científico.

Marçal Justen Filho, já em 2005 preconizava o surgimento de um Direito do Terceiro Setor, ao aduzir na primeira edição de seu *Curso de Direito Administrativo* ser "possível que, no futuro, a função administrativa não governamental seja disciplinada por um ramo especial do direito".

Mais recentemente o autor assinalou o aumento no nível de complexidade do relacionamento entre a Administração Pública e o terceiro setor, razão pela qual se poderia aludir a um "direito administrativo do terceiro setor", denominação proposta por Paulo Modesto em trabalho específico sobre o tema. Tal autor, desde sua atuação destacada como assessor especial do Ministério da Administração e Reforma do Estado – MARE na década de 1990, tem produzido numerosos trabalhos sobre organização administrativa e os vínculos entre o Poder Público e as instituições do terceiro setor.

Já a primeira teorização de um *Direito do Terceiro Setor* no Brasil foi elaborada por Gustavo Justino de Oliveira. Em artigo publicado no ano de 2007, o autor defendeu a necessidade de ordenação e sistematização das matrizes normativas do terceiro setor, bem como propôs um conjunto de bases constitucionais e legais a esse novo ramo jurídico.

Dois anos mais tarde, em 2009, o mesmo autor, que possui intensa produção sobre o assunto, propôs a edição de um *Estatuto Jurídico do Terceiro Setor*.

Mas os primeiros estudos do Direito do Terceiro Setor sob a perspectiva jurídica remontam ao final do século passado. Duas obras precursoras seguem sendo atualizadas e reeditadas, trazendo grande contribuição para os estudos sobre o tema. Uma delas é o *Roteiro do Terceiro Setor*, de Tomáz de Aquino Rezende, resultado da revisão e ampliação da anterior obra denominada *Manual de Fundações*. A outra é o livro *Fundações e Entidades de Interesse Social*, de José Eduardo Sabo Paes, escrito a partir de sua pesquisa de doutoramento também sobre o tema das fundações.

Além deles, dedicam-se há mais de duas décadas ao estudo do terceiro setor, por ordem de publicação, autores como Edson José Rafael, Eduardo Szazi, Maria Nazaré Lins Barbosa e Carolina Felippe de Oliveira, Silvio Luís Ferreira da Rocha, Fernando Borges Mânica, Leandro Marins de Souza, Tarso Cabral Violin, Maria Tereza Fonseca Dias e Josenir Teixeira, dentre tantos outros.

Atualmente há no Brasil dois periódicos – a *Revista de Direito do Terceiro Setor (RDTS)* e a *Revista de Estudos e Pesquisas Avançadas do Terceiro Setor (REPATS)*, além de dezenas de livros autorais e coletâneas sobre o Direito do Terceiro Setor. As obras são em sua maioria segmentadas, na medida em que estudam o tema sob a perspectiva de outro ramo do Direito, como o Direito Tributário, o Direito Administrativo, o Direito

Civil e o Direito Financeiro. Nesse ponto, o reconhecimento de um Direito do Terceiro Setor pode colaborar com a sistematização do regime jurídico incidente sobre as instituições do terceiro setor, albergando normas próprias e transversais de diversos outros ramos do Direito.

O Direito do Terceiro Setor é formado pelo conjunto de normas jurídicas que disciplinam a existência, criação, finalidades, organização, controle e parcerias celebradas por pessoas jurídicas de direito privado, voluntárias e sem fins lucrativos que desenvolvem atividades prestacionais ou promocionais de interesse público. Tal ramo do Direito incide, portanto, sobre um conjunto de atividades (terceiro setor em sentido objetivo ou material) prestadas por determinadas instituições (terceiro setor em sentido subjetivo), na terminologia acima adotada.

Lembra-se que, conforme dito anteriormente, como ocorre em qualquer ramo do Direito, a incidência das regras e princípios ínsitos a tal ramo ocorre de modo mais ou menos homogêneo, sendo que no caso do terceiro setor há variação no regime jurídico especificamente aplicável a cada hipótese decorrente, sobretudo de duas variáveis: (a) a natureza da entidade, bem como a detenção de títulos e certificados concedidos pelo Poder Público; e (b) a natureza da atividade exercida, bem como a eventual existência de vínculo formal com o Estado e a eventual utilização de recursos humanos, físicos e financeiros repassados pelo Estado para o desempenho de tal atividade.

Nesse cenário, a adequada compreensão do Direito do Terceiro Setor, bem como sua aplicação em cada caso concreto, depende da análise de dois pontos fundamentais: (i) os princípios constitucionais que informam seu estudo e lhe dão racionalidade e sistematicidade e (ii) a legislação que incide especificamente sobre o terceiro setor.

Este capítulo trata desses temas. A primeira parte dedica-se ao estudo dos princípios do Direito do Terceiro Setor; e a segunda versa sobre a legislação do terceiro setor e sua relação com outras disciplinas.

3.1 Princípios do Direito do Terceiro Setor

Alguns princípios jurídicos oferecem o substrato normativo que orienta todo o Direito do Terceiro Setor, tornando possível compreender seu fundamento, importância, lógica e racionalidade dentro do ordenamento jurídico brasileiro. A fim de melhor estruturar a linha de pensamento, tais princípios podem ser agrupados em três grandes categorias:

- os princípios que garantem a ausência de óbices para a criação e organização de instituições do terceiro setor;
- os princípios que preveem a participação do terceiro setor na concretização dos direitos fundamentais;
- os princípios que fundamentam a celebração de parcerias entre o Estado e instituições do terceiro setor.

A análise do conteúdo jurídico e do âmbito de incidência de cada um dos princípios do Direito do Terceiro Setor é imprescindível para a correta interpretação da disciplina legal do terceiro setor, bem como para a aferição de sua constitucionalidade.

3.1.1 Princípios que garantem a ausência de óbices para a criação e a organização de instituições do terceiro setor

As instituições do terceiro setor surgem em decorrência da mobilização de pessoas ou do destaque de um conjunto de bens, que institucionaliza uma pessoa jurídica de direito privado com o objetivo de defender o interesse público, por meio da prestação de serviços (atividade prestacional) ou da defesa de direitos (atividade promocional). Essas instituições são primordiais para o processo de concretização dos direitos fundamentais, o qual é progressivo, contínuo e dependente da participação social em sua construção.

Portanto, a ausência de óbices para que as pessoas unam seus esforços, em especial por meio do associativismo, em busca da consecução de interesses comuns é condição para o reconhecimento da existência de um Estado social e democrático de direito.

Sob a perspectiva histórica, as condições que permitem a união de pessoas revelam uma das marcas mais importantes de superação do primeiro modelo liberal de Estado. Isso porque, como visto anteriormente, o Estado liberal reconhecia apenas a liberdade individual e a liberdade econômica, vedando a liberdade social ou solidária, entendida como a possibilidade de união de esforços em prol do bem comum.

Logo, o direito de organização social e seu reconhecimento pela ordem jurídica configura uma das principais características do Estado social e democrático de direito. Tal direito é garantido por uma série de princípios adiante analisados.

3.1.1.1 Liberdade de associação e incentivo ao associativismo

A Constituição de 1988 traz, dentre os direitos individuais fundamentais, a vedação ao estabelecimento de óbices à criação de instituições do terceiro setor. Trata-se do princípio da liberdade de associação, plasmado no artigo 5º, inciso XVII, da Constituição Federal, assim redigido:

> Art. 5º (...)
> XVII - é plena a liberdade de associação para fins lícitos, vedada a de caráter paramilitar.

Tal princípio permite que as pessoas se unam para a defesa de interesses e ideais comuns não vedados por lei e que não tenham natureza militar. Convém ressaltar que este princípio não é exclusivo a instituições que tenham finalidade pública, já que a liberdade de associação é aplicável também à união de pessoas que buscam satisfazer interesses próprios ou egoísticos.

A liberdade de associação é prevista também na *Convenção Americana sobre Direitos Humanos*, conhecida como *Pacto de San José da Costa Rica*, datada de 1969 e incorporada ao ordenamento jurídico pátrio por meio do Decreto nº 678, de 6 de novembro de 1992. Tal ato normativo trata de modo detalhado a liberdade de associação, nos seguintes termos:

> ARTIGO 16 - Liberdade de Associação
> 1. Todas as pessoas têm o direito de associar-se livremente com fins ideológicos, religiosos, políticos, econômicos, trabalhistas, sociais, culturais, desportivos, ou de qualquer outra natureza.
> 2. O exercício de tal direito só pode estar sujeito às restrições previstas pela lei que sejam necessárias, numa sociedade democrática, no interesse da segurança nacional, da segurança ou da ordem públicas, ou para proteger a saúde ou a moral públicas ou os direitos e liberdades das demais pessoas.
> 3. O disposto neste artigo não impede a imposição de restrições legais, e mesmo a privação do exercício do direito de associação, aos membros das forças armadas e da polícia.

O *Pacto de San José da Costa Rica* foi firmado em momento anterior à Constituição de 1988 e sua integração ao ordenamento pátrio ocorreu já durante a nova ordem constitucional, mas sem o quórum qualificado de aprovação prevista pelo parágrafo 3º do artigo 5º, com redação dada pela Emenda Constitucional nº 45/04 da Constituição Federal. Por isso, segundo entendimento do Supremo Tribunal Federal, seu conteúdo possui natureza de *norma supralegal*, apta a paralisar a eficácia de qualquer norma infraconstitucional em sentido contrário.

Portanto, a liberdade de associação é ampla e independe da finalidade da entidade, desde que não tenha caráter militar e tampouco ofenda legislação voltada à garantia da segurança, ordem, saúde e liberdade públicas. Além disso, como decorrência de tais limitações, o regime jurídico dos servidores, em especial das forças armadas e polícias de segurança, pode dispor sobre vedações específicas à participação de seus integrantes.

No ordenamento pátrio, portanto, é claro o direito subjetivo à liberdade de associação, que pode ser invocado no caso concreto, inclusive perante o Poder Judiciário, caso haja algum óbice a sua efetivação. Como se sabe, normas constitucionais definidoras de liberdades, mesmo as de natureza principiológica, são dotadas de eficácia plena e aplicabilidade imediata e direta, podendo ser contidas, em alguns casos pelas exigências meramente formais estabelecidas em legislação ordinária.

Em reforço a tal princípio constitucional geral, a Constituição Federal prevê, no capítulo dedicado à ordem econômica, o incentivo ao cooperativismo e ao associativismo, nos seguintes termos:

> Art. 174. (...)
> §2º A lei apoiará e estimulará o cooperativismo e outras formas de associativismo.

Nesse ponto, a Constituição não apenas afasta embaraços à liberdade de associação, como prevê a competência legislativa para o exercício da atividade de fomento ao associativismo e, também, ao cooperativismo. As leis que atualmente tratam de títulos e qualificações do terceiro setor, bem como aquelas que preveem benefícios tributários e financeiros, inserem-se no exercício de tal competência.

Portanto, por meio dos princípios da liberdade de associativismo e do estímulo ao cooperativismo e ao associativismo, resta evidenciada a opção constitucional brasileira pela garantia e incentivo ao desenvolvimento de instituições do terceiro setor.

3.1.1.2 Liberdade de adesão e afastamento de associados

Ao passo em que o associativismo e o cooperativismo são protegidos e estimulados pelo ordenamento constitucional pátrio, a própria Constituição prevê que tal conduta deve decorrer do livre arbítrio de cada pessoa física ou jurídica. Tal proteção contra a obrigatoriedade de ingresso ou permanência em uma associação garante uma das características do terceiro setor, qual seja, a voluntariedade. Tal entendimento decorre do preceito veiculado no inciso XX do artigo 5º da Constituição Federal, que assim determina:

> Art. 5º (...)
> (...)
> XX – Ninguém poderá ser compelido a associar-se ou permanecer associado;

Assim, uma entidade do terceiro setor apenas pode ser criada e mantida por livre manifestação da vontade de seus integrantes, os quais podem, observadas as exigências de seus atos constitutivos, deixar o quadro social de uma entidade associativa a qualquer momento.

Tal princípio incide sobre entidades de natureza associativa, tanto em sentido estrito, como as associações (sem fins lucrativos), quanto em sentido amplo, como as sociedades (com fins lucrativos). Além disso, alcançam os partidos políticos e associações profissionais ou sindicais, que possuem previsão constitucional expressa nesse sentido. Deste modo, pode-se dizer que as instituições do terceiro setor, em especial as de caráter associativo, têm o direito de livre existência, permanência, desenvolvimento e expansão.

3.1.1.3 Vedação à interferência estatal

Como garantia ao direito de liberdade de associação, o artigo 5º da Constituição Federal traz dois outros preceitos que veiculam garantias constitucionais voltadas à proteção das instituições do terceiro setor contra a interferência estatal. Trata-se dos incisos XVIII e XIX, que assim prescrevem:

> Art. 5º (...)
> XVIII – A criação de associações e, na forma da lei, de cooperativas independe de autorização, sendo vedada a interferência estatal em seu funcionamento;

XIX – As associações só poderão ser compulsoriamente dissolvidas ou ter suas atividades suspensas por decisão judicial, exigindo-se, no primeiro caso, o trânsito em julgado;

Como se percebe, a Constituição apresenta evidente preocupação em afastar qualquer possibilidade de contenção da constituição de associações. Tal reforço à liberdade de associação possui explicação histórica, ante a experiência do regime militar precedente, que deixou resquícios de autoritarismo na sociedade brasileira.

Deve-se ressaltar, contudo, que a inexigência de autorização para a criação e funcionamento das instituições não significa que não devam observar o rito procedimental para sua formalização, tributação e prestação de contas (caso gerencie recursos públicos), bem como respeitar todas as limitações decorrentes do poder de polícia estatal.

Nesse sentido, as instituições do terceiro setor estão submetidas a ações estatais que visem a proteção do interesse coletivo, como condicionamentos à propriedade e à liberdade impostos em caráter geral a todas as atividades que possam implicar ameaça a direitos coletivos como a saúde, a higiene, a ordem e a segurança.

No caso específico das fundações, o ordenamento brasileiro prevê o velamento das fundações pelo Ministério Público. Tal interferência, apesar de realizada por um órgão estatal externo, volta-se à proteção da própria entidade, no sentido de garantir que os objetivos originários de sua instituição sejam permanentemente observados, independe da participação de seus instituidores na gestão fundacional. A atuação ministerial em relação a fundações, portanto, não deve ter como parâmetro diretrizes diversas da garantia de cumprimento dos fins sociais previstos na vontade de seus instituidores.

Afora essas hipóteses, a suspensão de todas as atividades de uma entidade, bem como sua dissolução, apenas pode ocorrer por meio do devido processo judicial – sendo que a dissolução apenas produzirá efeitos com o trânsito em julgado da decisão. Tais garantias protegem as instituições do terceiro setor, em especial aqueles que promovem e defendem direitos de minorias, contra a perseguição de governos com opiniões divergentes e, mesmo, com caráter autoritário.

3.1.1.4 Imunidade tributária

A liberdade de associação e de funcionamento de entidades privadas de natureza associativa ou fundacional é também protegida do poder tributário do Estado. Para tanto, a Constituição Federal impede a tributação de algumas instituições do terceiro setor por meio da imunidade tributária.

A imunidade tributária pode ser estudada sob sua perspectiva principiológica e também como uma regra de estrutura.

Sob a perspectiva principiológica, a imunidade tributária consiste na diretriz traçada no texto da própria Constituição, que impede a tributação sobre determinada pessoa, fato ou bem. Assim, além da busca por recursos (finalidade fiscal), a Constituição protege certos valores sociais e preceitos fundamentais do regime político (finalidade extrafiscal). Trata-se, portanto, de valor que se encontra vinculado à estrutura política, social e econômica do país, complementando outros princípios albergados pela Constituição.

Sob o viés de regra de estrutura, deve-se anotar que a imunidade tributária tem sua regulamentação originária no próprio texto constitucional brasileiro. Isso porque a Constituição de 1988, ao atribuir poder aos entes federativos de instituírem tributos, exclui expressamente a possibilidade de tributação de determinadas pessoas, fatos e bens. A imunidade tributária refere-se, portanto, a enunciados normativos que compõem norma de competência tributária de forma a qualificar tais hipóteses, em relação às quais é vedada a tributação. Trata-se, portanto, de uma regra de estrutura, que define como o ordenamento jurídico tributário se organiza.

De todo modo, qualquer que seja a perspectiva de análise, a imunidade tributária do terceiro setor consiste em impedimento constitucional para que os entes federativos instituam leis que imponham o dever de tais instituições pagarem tributos. Trata-se de uma importante proteção do terceiro setor, já que – como disse John Marshall no caso Mc. Culloch vs. Maryland – o poder de tributar envolve o poder de destruir.

Nesse plano, dois são os dispositivos constitucionais que consubstanciam a imunidade tributária do terceiro setor.

3.1.1.4.1 Imunidade a impostos

O artigo 150, inciso VI, alínea 'c' do texto constitucional exclui da competência tributária outorgada aos entes federativos a instituição de impostos incidentes sobre o patrimônio, a renda e os serviços relacionados às atividades essenciais das instituições de educação e de assistência social. Eis o teor do dispositivo:

Art. 150. Sem prejuízo de outras garantias asseguradas ao contribuinte, é vedado à União, aos Estados, ao Distrito Federal e aos Municípios: (...)
VI - instituir impostos sobre: (...)
c) patrimônio, renda ou serviços dos partidos políticos, inclusive suas fundações, das entidades sindicais dos trabalhadores, das instituições de educação e de assistência social, sem fins lucrativos, atendidos os requisitos da lei; (...)
§4º - As vedações expressas no inciso VI, alíneas "b" e "c", compreendem somente o patrimônio, a renda e os serviços, relacionados com as finalidades essenciais das entidades nelas mencionadas.

Como se percebe, nem todas as instituições do terceiro setor foram agraciadas pela imunidade a impostos, já que o texto constitucional restringe o benefício aos partidos políticos e suas fundações, às entidades sindicais dos trabalhadores e, no que interessa, às instituições de *educação* e de *assistência social* sem fins lucrativos.

Por 'instituições' devem ser entendidas aquelas pessoas jurídicas de direito privado, sem fins lucrativos, de origem privada e finalidade pública. O que caracteriza uma instituição é sua finalidade precípua, destinada ao atendimento de interesses sociais gerais e ausência de finalidade lucrativa. Trata-se, como registra Regina Helena da Costa, de pessoas jurídicas de direito privado que exercem, sem fins lucrativos, atividades de colaboração com o Estado. No mesmo sentido, conforme Mizabel Derzi, a noção de instituição protegida pela imunidade vincula-se à ideia de uma organização permanente, voltada à realização de fins sociais e destituída de finalidade lucrativa.

Instituição de educação é aquela que tem sua atividade preponderante voltada a atividades educacionais, nos termos do artigo 205 da Constituição Federal e do artigo 1º da Lei de Diretrizes e Bases da Educação – LDB, Lei Federal nº 9.394/96. Já instituição de assistência social é aquela que atua em alguma das áreas e nos termos do que prescrevem o artigo 203 da Constituição Federal e o artigo 3º da Lei Orgânica da Assistência Social – LOAS, Lei Federal nº 8.742/93.

No que tange aos tributos alcançados pela imunidade em questão, estão incluídos apenas os impostos, restando excluídas as taxas, contribuições, empréstimos compulsórios e as contribuições de melhoria. Tal entendimento foi firmado pelo Supremo Tribunal Federal em várias decisões acerca do alcance das imunidades previstas pelo inciso VI do artigo 150 da Constituição Federal.

Além disso, não são todos os impostos alcançados pela imunidade em comento, visto que há duas outras restrições: (i) são afastados apenas aqueles impostos incidentes sobre o patrimônio, a renda e os serviços (ii) relacionados às finalidades essenciais das entidades.

A definição do que efetivamente integra o patrimônio, a renda e os serviços da entidade não deve se pautar na classificação infraconstitucional dos impostos, mas na proteção dos valores que pretende a imunidade tributária prestigiar. Nesse sentido, a imunidade ora tratada protege o patrimônio, a renda e os serviços da entidade imune, qualquer que seja o imposto que economicamente os grave.

Já a exigência de 'relação com as finalidades essenciais' é interpretada de modo amplo, no sentido de reconhecimento da imunidade tributária sobre atividades que não estejam diretamente vinculadas aos fins da entidade, desde que os frutos dessas atividades sejam integralmente revertidos para a manutenção das finalidades essenciais da entidade (educação ou assistência social).

Por fim, a Constituição Federal faz referência à observância de requisitos legais para fruição da imunidade a impostos. Tais requisitos encontram-se previstos no artigo 14 da Lei nº 5.172, de 25 de outubro de 1966, conhecida como Código Tributário Nacional – CTN.

3.1.1.4.2 Imunidade a contribuições para a seguridade social

A Constituição Federal de 1988 previu também hipótese de imunidade tributária a contribuições sociais para a seguridade social, hipótese restrita às *entidades beneficentes de assistência social*. Tal previsão consta do artigo 195, §7º, do texto constitucional pátrio, que assim dispõe:

> Art. 195 (...)
> §7º São isentas de contribuição para a seguridade social as entidades beneficentes de assistência social que atendam às exigências estabelecidas em lei.

Como se percebe, o texto constitucional utiliza expressamente a palavra isenção. Entretanto, a referência ao termo isenção decorre da atecnia do legislador constituinte. Afinal, como se pode perceber em breve relance, a hipótese é de evidente delimitação expressa da competência tributária pela Constituição, tópico da imunidade tributária. Este é o entendimento consolidado do Supremo Tribunal Federal.

Assim como a imunidade a impostos, a imunidade a contribuições para a seguridade social não beneficia todas as instituições do terceiro setor, mas apenas as 'entidades beneficentes de assistência social'. A delimitação do universo de instituições qualificadas como tais passa pela discussão de qual seria a natureza da lei apta a especificar os requisitos previstos no dispositivo já citado para fruição da imunidade.

Tal discussão tem fundamento constitucional e decorre da aparente contradição entre (i) o próprio parágrafo sétimo do artigo 195, que faz referência às 'exigências estabelecidas em lei', e (ii) o disposto no artigo 146, inciso II, da Constituição, segundo o qual as limitações constitucionais ao poder de tributar devem ser disciplinadas por 'lei complementar'.

Pela interpretação literal do primeiro dispositivo, admite-se que os requisitos para a fruição da imunidade a contribuições para a seguridade social sejam previstos por lei ordinária. De acordo com este entendimento, o Certificado de Entidade Beneficente de Assistência Social – CEBAS, disciplinado pela já revogada Lei nº 12.101/09 (uma lei ordinária), seria o requisito para a fruição da imunidade em comento.

Já pela interpretação sistemática, que leva em conta o citado artigo 146, inciso II, da Constituição, apenas a lei complementar pode prever requisitos para a fruição da imunidade. Tais requisitos encontram-se vigentes no ordenamento pátrio por força do já referido artigo 14 do Código Tributário Nacional – CTN, lei ordinária recepcionada pela Constituição de 1988 com *status* de lei complementar.

Essa disputa existe desde o século passado. O tema finalmente foi a julgamento definitivo pelo Supremo Tribunal Federal em 2017, por meio do Recurso Extraordinário (RE) nº 566.622, com repercussão geral, e nas Ações Diretas de Inconstitucionalidade – ADIs nºs 2.028, 2.036, 2.228 e 2.621. Ao final do julgamento, definiu-se a seguinte tese: "Os requisitos para o gozo de imunidade hão de estar previstos em lei complementar". Após a oposição de Embargos de Declaração pela União Federal, em julgamento ocorrido no final de 2019, foi reformulada a tese, que passou a ser a seguinte (Tema nº 32): "A lei complementar é forma exigível para a definição do modo beneficente de atuação das entidades de assistência social contempladas pelo art. 195, §7º, da CF, especialmente no que se refere à instituição de contrapartidas a serem por elas observadas". Como se percebe, ainda que com uma redação bastante truncada e confusa da tese aprovada, o STF acolheu a interpretação sistemática do texto constitucional.

Importante destacar ainda, que o Supremo Tribunal Federal decidiu, na ADI 4.480/DF, pela inconstitucionalidade de algumas exigências trazidas pela Lei nº 12.101/09 para a concessão do CEBAS a entidades de educação e de assistência social. Tal decisão não afastou, contudo, a detenção do CEBAS como requisito para a fruição da imunidade tributária a contribuições para a seguridade social.

Entrementes, tais julgamentos da Corte Suprema provocaram rápida resposta legislativa, que resultou na edição da Lei Complementar nº 187/21. Ao regulamentar o artigo 195, §7º da Constituição Federal, a nova lei possui redação muito similar à sua antecessora Lei Ordinária nº 12.101/09, disciplinando tanto os requisitos para a obtenção do CEBAS, quanto os requisitos adicionais para a fruição da imunidade tributária das entidades do terceiro setor que atuam nas áreas da saúde, educação e assistência social.

Em conclusão pode-se dizer que, ao menos do ponto de vista formal, finalmente há hoje no ordenamento brasileiro respeito à exigência de lei complementar para a disciplina da limitação ao poder de tributar relativo à imunidade às contribuições para a seguridade social incidentes sobre as entidades do terceiro setor.

3.1.2 Princípios que preveem a participação do terceiro setor na concretização dos direitos fundamentais

A Constituição brasileira reconhece a imprescindibilidade de iniciativas sociais no processo de concretização dos direitos fundamentais previstos no próprio texto constitucional. Ainda que o direito positivo brasileiro não utilize a expressão terceiro setor, a referência a iniciativas sociais organizadas é marcante na disciplina constitucional de uma série de direitos fundamentais.

A noção de interesse público, que delimita as atividades exercidas pelo terceiro setor, como visto no início desta obra, deve ser entendida, em termos constitucionais, como expressão dos direitos fundamentais previstos no próprio texto constitucional. A concretização dos direitos fundamentais é a razão de ser do Estado, que o faz por meio da legislação, jurisdição e administração pública; assim como das instituições do terceiro setor, que o fazem por meio de prestações e colaboração com o Estado (atividade prestacional do terceiro setor) ou da defesa e promoção de direitos (atividade promocional do terceiro setor). Em qualquer hipótese, a garantia dos direitos fundamentais é o denominador comum que une sob a guarda constitucional a estrutura estatal e as instituições do terceiro setor.

Como visto, a garantia dos direitos fundamentais constitui um processo contínuo e permanente, cuja materialização depende não apenas da estrutura estatal, mas do envolvimento social e da participação do maior número possível de agentes. Traçados como princípios, os direitos fundamentais trazem finalidades a serem alcançadas na melhor medida possível por todos os atores políticos, sociais e econômicos.

O grau de êxito dessas finalidades será tanto maior quanto mais expressiva a participação do Estado e da sociedade em sua consecução, especialmente na área social. Veja-se o caso da educação, da saúde, da assistência e da cultura. Em todos esses direitos dependentes de prestações, quanto mais intensa for a participação do Estado, do mercado e da sociedade civil no provimento dos serviços em cada área, mais intensa será a satisfação dos respectivos direitos. Deste modo, fica evidente que a atuação do terceiro setor possui papel de importante relevo na garantia de direitos sociais.

Nessa perspectiva, a noção de Estado Social e Democrático de Direito permite extrair os princípios que fundamentam a participação do terceiro setor na concretização dos direitos fundamentais, quais sejam: (i) do Estado Social, o princípio da solidariedade; (ii) do Estado Democrático, o princípio da cidadania; e (iii) do Estado de Direito, os princípios da livre-iniciativa e da subsidiariedade.

A correta delimitação da incidência de cada um deles sobre o terceiro setor é essencial para a compreensão, interpretação e aplicação das demais regras e princípios que integram este ramo do Direito.

3.1.2.1 Princípio da solidariedade

O reconhecimento de direitos sociais demanda a atuação do Estado no setor social, por meio da prestação de serviços e do fomento a iniciativas nesta área, em especial por instituições do terceiro setor. Além disso, deve-se notar que outra faceta do Estado social se refere à demanda pela participação social na concretização de tais direitos. Assim, um Estado verdadeiramente social é aquele que atua de modo não isolado na ordem social, pois junto dele outras pessoas físicas e jurídicas de direito privado agem por força da solidariedade.

Tal princípio diz respeito a toda e qualquer ação realizada em favor do outro – seja ele uma pessoa individual, um grupo ou mesmo o bem-estar geral da coletividade.

Como se sabe, o Estado configura o ente privilegiado de realização da solidariedade, na medida em que todos têm o dever de colaborar com o ente estatal para que este realize suas atividades em busca do interesse público. Essa solidariedade que se materializa por meio do Estado é denominada solidariedade *vertical*. Além dela, há a solidariedade que fundamenta a atuação de atores não estatais, como o terceiro setor, denominada de solidariedade dita *horizontal*. Ela não conduz, necessariamente, ao dever de colaborar com o Estado para que este cumpra seus deveres, mas funciona como valor que impulsiona a própria sociedade a agir de modo autônomo e com o objetivo de beneficiar terceiros ou toda a coletividade.

Por meio da solidariedade, em ambas as perspectivas, busca-se a justiça social por meio de todos, o que legitima o Estado Social e Democrático de Direito, cujas raízes estão envoltas no dever da sociedade participar desse processo, dentro e fora do Estado.

Em solo pátrio, a solidariedade é acolhida como um dos objetivos fundamentais da república brasileira. Tal princípio é assim previsto pelo texto constitucional:

> Art. 3º Constituem objetivos fundamentais da República Federativa do Brasil:
> I - construir uma sociedade livre, justa e solidária;

A natureza principiológica do preceito decorre de sua qualificação como norma-objetivo, que impõe o dever de implementação de políticas públicas com vistas a dar consecução ao texto normativo.

Nesse ponto, é importante destacar que o princípio da solidariedade constitui pedra fundamental do Estado social e democrático de direito brasileiro. Tal princípio afasta-se do pensamento liberal, segundo o qual a justiça social é consequência lógica da atuação do mercado, o qual, por si, seria capaz de satisfazer as necessidades sociais. Como visto em tópico precedente, o liberalismo clássico implicou a negação da solidariedade, tanto em seu aspecto horizontal quanto em seu aspecto vertical.

No Estado social e democrático de direito, o princípio da solidariedade encontra terreno fértil de aplicação, por meio da definição de limites para a atuação do mercado, da busca pela função social da propriedade, dos limites ao direito de contratar e do próprio objetivo de construção de uma sociedade solidária.

A solidariedade, portanto, fundamenta todas as ações voltadas ao benefício público, dentro das quais aquelas mais organizadas e com maior capacidade de gerar efeitos concretos são as realizadas de modo estruturado e contínuo, por meio de instituições do terceiro setor.

Nesta linha, Marçal Justen Filho destaca o quanto é equivocada a noção de que o Estado é o ente único capaz de propiciar o cumprimento de determinadas tarefas públicas. Atribuir incontáveis deveres ao Estado reduz a autonomia privada e a responsabilidade do próprio indivíduo, semeando condições paternalistas e a desoneração da esfera particular. Neste contexto, aludir à solidariedade humana é quase um despropósito frente à concepção de que somente o Estado é capaz de suprir o que se necessita para obter uma vida digna. Nas palavras do autor, o *welfare state* trazia uma comodidade filosófica: "a transplantação da responsabilidade social do indivíduo para o Estado" – o que deve ser superado.

Sendo assim, é fundamental concluir que o princípio da solidariedade deve ser propulsor da ação social enquanto posição ativa na consecução do bem comum, pois, a despeito de ser um escopo estatal, sua concretização depende da atuação coletiva.

Além de princípio geral que ancora o Estado Social e Democrático de Direito, a solidariedade é demandada expressamente pela Constituição no tratamento dado à Ordem Social. Em tal título do texto constitucional, são diversas as referências à participação social na concretização dos direitos sociais.

Como se verá a seguir, não apenas a construção de uma sociedade solidária é objetivo fundamental do Estado brasileiro, mas também a participação solidária é requisito para a concretização de uma série de direitos sociais previstos pela Constituição de 1988. Nesse plano, a materialização dos direitos sociais depende da solidariedade vertical e horizontal, em especial aquela materializada por instituições do terceiro setor.

Um desses direitos é a seguridade social, definida pela Constituição como o conjunto integrado de ações e iniciativas do Poder Público e da sociedade, destinadas a assegurar os direitos de saúde, previdência e assistência social. Nesse sentido, o artigo 194 do texto constitucional é expresso ao prever a iniciativa da sociedade em tais áreas.

Outro é o direito à saúde. Ao tratar do tema, a Constituição Federal determina em seu artigo 197 que as ações e serviços de saúde deverão ter sua execução feita diretamente ou através de terceiros e, também, por pessoa física ou jurídica de direito privado. Já o artigo 198, inciso III, estabelece que entre as diretrizes dos serviços públicos de saúde está a participação da comunidade. Além disso, o parágrafo primeiro do artigo 199 do texto constitucional prevê que as instituições privadas poderão participar de forma complementar do sistema *único* de saúde.

O mesmo ocorre com a assistência social. Na prestação desses serviços também é prevista a participação da sociedade. No texto constitucional a referência encontra-se no inciso II do artigo 204, que prevê a participação de organizações representativas da população na formulação de políticas assistenciais. Já a Lei Orgânica da Assistência Social – LOAS (Lei nº 8.742, de 7 de dezembro de 1993) prevê em seu artigo 1º que a assistência social será realizada através de um conjunto integrado de ações de iniciativa pública e da sociedade.

O artigo 205 da Constituição Federal prevê a educação como direito de todos e dever do Estado e da família, devendo ser promovida e incentivada com a colaboração da sociedade. Além disso, o artigo 213 dispõe que os recursos públicos serão destinados às escolas públicas, podendo ser dirigidos a escolas comunitárias, confessionais ou filantrópicas. Tais instituições integram o terceiro setor e, conforme prescrevem os incisos do artigo 213, não podem exercer atividade lucrativa, devendo aplicar seus excedentes em sua finalidade social.

Na mesma direção caminha o texto constitucional ao tratar da cultura, do meio ambiente e da ciência, tecnologia e inovação. Na cultura, a Constituição prevê que o patrimônio cultural deve ser promovido e protegido pelo Poder Público, com a colaboração da comunidade, nos termos do parágrafo primeiro do artigo 216 da Constituição. Do mesmo modo, no meio ambiente, sua defesa e preservação são previstas como deveres do Poder Público e da coletividade, conforme prevê o artigo 225 da Constituição Federal. Por fim, ao tratar de ciência, tecnologia e inovação, a Constituição Federal faz referência expressa a seu estímulo tanto no setor empresarial quanto público e privado (sem fins lucrativos) no parágrafo primeiro do artigo 219, bem como nos artigos 219-A e 219-B.

No que toca à defesa dos direitos da criança, do adolescente e do idoso, a Constituição Federal atribui tal mister ao Estado, à família e à sociedade, conforme prescrevem os artigos 227 e 230 do texto constitucional. Além disso, o parágrafo primeiro do art. 227 estabelece especificamente que é admitida a participação de entidades não governamentais nos programas de assistência integral à saúde da criança e do adolescente.

Como se percebe, o quadro constitucional prevê a solidariedade e participação social de modo intenso e abrangente, razão pela qual é imprescindível a atuação das instituições do terceiro setor na concretização dos direitos fundamentais sociais no ordenamento constitucional pátrio.

3.1.2.2 Princípio da cidadania

Por cidadania deve-se entender a possibilidade de participação de cada indivíduo, isoladamente ou em grupos, na organização econômica, política e social de uma coletividade. A importância de tal princípio para o terceiro setor é ressaltada por Gustavo Justino de Oliveira, para quem a atuação do terceiro setor resulta da combinação do exercício da cidadania com a efetiva participação dos cidadãos nos assuntos de interesse da sociedade.

Em sua origem, a noção de cidadania encontrava-se vinculada à participação nas decisões políticas de uma sociedade, como ocorria na Grécia antiga. Modernamente, a expressão passou a incorporar também a aptidão para o exercício de todos os direitos e deveres reconhecidos pelo Estado a seu elemento humano, incluindo a participação política, o exercício das liberdades civis e a fruição dos direitos sociais. Nesse plano, o pleno exercício da cidadania envolve tanto o exercício de direitos quanto a observância de deveres.

Tamanho o relevo atribuído à cidadania pela Constituição de 1988, que tal princípio integra o rol de fundamentos da República Federativa do Brasil expresso no artigo 1º, inciso II, do texto constitucional, que assim prescreve:

> Art. 1º A República Federativa do Brasil, formada pela união indissolúvel dos Estados e Municípios e do Distrito Federal, constitui-se em Estado Democrático de Direito e tem como fundamentos:
> (...)
> II - a cidadania;

Como se vê, o reconhecimento de um feixe de direitos civis, políticos e sociais de todos os brasileiros encontra-se plasmado já no preceito inaugural da Constituição de 1988. O cidadão brasileiro é, portanto, aquele que, além de cumprir seus deveres perante o Estado, participa do processo político e tem acesso às prestações voltadas à garantia dos direitos fundamentais econômicos e sociais. Nesse passo, o princípio da cidadania incide sobre o terceiro setor de três formas distintas.

Em primeiro lugar, a cidadania serve como fundamento para que cidadãos se organizem em entidades para atuar ao lado ou ao largo do Estado e do mercado na provisão de serviços voltados à concretização de direitos fundamentais – como alimentação, moradia, saúde e assistência social.

Em segundo lugar, a cidadania fundamenta a atuação do terceiro setor na construção, promoção e defesa de direitos humanos, com a consequente obediência e respeito às leis. Esse conjunto de ações, como visto anteriormente, enquadra-se na atuação denominada de *advocacy*.

Em terceiro lugar, o princípio da cidadania fundamenta a ação de instituições do terceiro setor no processo democrático, por meio da participação em órgãos paritários e conselhos de políticas públicas, participação em audiências públicas realizadas por todos os poderes, fiscalização da gestão pública e ajuizamento de medidas judiciais voltadas à defesa de interesses coletivos e do patrimônio público.

Tanto a atuação do terceiro setor na forma de prestação de serviços de interesse público ou de serviços públicos quanto na forma de *advocacy* foram analisadas em momento anterior. Já a participação de tais instituições no processo político pode ser visualizada como uma subdivisão da atividade promocional do terceiro setor, conforme assinalado anteriormente. Isso porque o ordenamento pátrio prevê diversas hipóteses de atuação de instituições do terceiro setor em instituições e processos voltados à participação na construção e monitoramento de políticas públicas, bem como na defesa judicial de interesses coletivos e do patrimônio público.

Tal mecanismo insere-se no contexto da democracia participativa, em que pessoas físicas e instituições do terceiro setor podem participar do processo democrático – tanto no âmbito político quanto administrativo e jurisdicional. Outro exemplo bastante significativo dessa participação refere-se às audiências públicas, realizadas no âmbito dos três poderes para a interlocução dos órgãos de Estado com a sociedade civil antes da tomada de decisões com repercussão geral.

Além disso, as instituições do terceiro setor de caráter associativo possuem legitimidade para representar os interesses de seus filiados, tanto no âmbito judicial quanto extrajudicial. Tal possibilidade decorre de previsão expressa do texto constitucional, que assim prescreve:

Art. 5º (...)

(...)

XXI - as entidades associativas, quando expressamente autorizadas, têm legitimidade para representar seus filiados judicial ou extrajudicialmente;

No campo da tutela jurisdicional, instituições do terceiro setor possuem, ainda, importante papel nas ações coletivas, as quais configuram eficiente meio de defesa de direitos difusos e coletivos. Segundo Luiz Guilherme Marinoni e Sérgio Cruz Arenhart, não se trata de uma única ação, mas sim de um plexo de ações voltadas à tutela desses direitos. Nesse sentido, nos termos do artigo 83 da Lei nº 8.078, de 11 de setembro de 1990, conhecida como Código de Defesa do Consumidor – CDC, na defesa dos direitos difusos e coletivos são admitidas todas as espécies de ações aptas a propiciar sua adequada e efetiva tutela. Portanto, não se pode dizer, realmente, que exista uma ação coletiva, mas ações que recebem o rótulo de 'ação coletiva', distintas entre si e com as peculiaridades de cada direito a ser tutelado.

No Direito do Consumidor, por exemplo, a defesa dos interesses ou direitos difusos, dos interesses ou direitos coletivos, e dos interesses ou direitos individuais homogêneos pode ser deduzida em juízo por determinados órgãos estatais e por determinadas instituições do terceiro setor, nos seguintes termos:

Art. 82. Para os fins do art. 81, parágrafo único, são legitimados concorrentemente:

(...)

IV - as associações legalmente constituídas há pelo menos um ano e que incluam entre seus fins institucionais a defesa dos interesses e direitos protegidos por este código, dispensada a autorização assemblear.

Na mesma esquadra, importante mecanismo de atuação judicial do terceiro setor no exercício da cidadania encontra-se previsto pela Lei nº 7.347/85, conhecida como Lei de Ação Civil Pública – ACP. Tal diploma rege as ações de responsabilidade por danos morais e patrimoniais causados ao meio ambiente; ao consumidor; a bens e direitos de valor artístico, estético, histórico, turístico e paisagístico; a qualquer outro interesse difuso ou coletivo; por infração da ordem econômica; à ordem urbanística; à honra e à dignidade de grupos raciais, étnicos ou religiosos e ao patrimônio público e social.

O artigo 5º da Lei da ACP relaciona os legitimados a propor a ação. Além do Ministério, da Defensoria Pública e dos entes estatais prejudicados, a lei prevê seu ajuizamento por instituições do terceiro setor de natureza associativa, que preencham determinados requisitos. Eis o teor do dispositivo:

> Art. 5º Têm legitimidade para propor a ação principal e a ação cautelar:
> (...)
> V - a associação que, concomitantemente:
> a) esteja constituída há pelo menos 1 (um) ano nos termos da lei civil;
> b) inclua, entre suas finalidades institucionais, a proteção ao patrimônio público e social, ao meio ambiente, ao consumidor, à ordem econômica, à livre concorrência, aos direitos de grupos raciais, étnicos ou religiosos ou ao patrimônio artístico, estético, histórico, turístico e paisagístico.

Além disso, insta ressaltar que as instituições do terceiro setor que recebem repasses públicos para o exercício de suas atividades em colaboração com o Estado podem também ser protegidas por meio de ações judiciais aforadas para proteção do patrimônio público. É o que prevê a Lei nº 4.717, de 29 de junho de 1965, conhecida como Lei da Ação Popular, que pode ser utilizada para a proteção de instituições do terceiro setor. Isso porque o escopo da Lei da Ação Popular consiste na anulação de atos lesivos ao patrimônio de instituições ou fundações para cuja criação ou custeio o tesouro público haja concorrido ou concorra com mais de cinquenta por cento do patrimônio ou da receita anual, bem como de quaisquer pessoas jurídicas ou entidades subvencionadas pelos cofres públicos.

Do mesmo modo, a Lei nº 8.429, de 2 de junho de 1992, conhecida como Lei de Improbidade Administrativa – LIA, prevê que é possível a responsabilização tanto do agente público quanto de terceiros envolvidos ou beneficiários de atos lesivos ao patrimônio de entidade que receba subvenção, benefício ou incentivo, fiscal ou creditício, de órgão público bem como daquelas para cuja criação ou custeio o erário haja concorrido ou concorra com menos de cinquenta por cento do patrimônio ou da receita anual. Recente decisão do Superior Tribunal de Justiça reconheceu, inclusive, a possibilidade de responsabilização, por ato de improbidade, de gestores de instituições do terceiro setor que administrem recursos públicos, independentemente da participação de um agente vinculado diretamente à Administração Pública.

Nessas duas últimas hipóteses, as instituições do terceiro setor não participam ativamente do exercício da cidadania, mas são objeto de seu exercício. Tal inversão reconhece, pelo sentido reverso, a importância de tais entidades na concretização deste fundamento da República Federativa do Brasil.

3.1.2.3 Princípio da livre-iniciativa e da subsidiariedade

A livre-iniciativa consiste em princípio fundamental albergado pela Constituição Federal para a garantia do desenvolvimento de atividades privadas voltadas ao atendimento de necessidades sociais. Tal cânone é previsto como fundamento da República Federativa do Brasil no artigo 1º, inciso IV, e também como princípio da atividade econômica, no *caput* do art. 170, que assim prescrevem:

> Art. 1º A República Federativa do Brasil, formada pela união indissolúvel dos Estados e Municípios e do Distrito Federal, constitui-se em Estado Democrático de Direito e tem como fundamentos:
>
> (...)
>
> IV - os valores sociais do trabalho e da livre iniciativa;
>
> Art. 170. A ordem econômica, fundada na valorização do trabalho humano e na livre iniciativa, tem por fim assegurar a todos existência digna, conforme os ditames da justiça social, observados os seguintes princípios: (...)

É importante ressaltar, como afirma Eros Roberto Grau, que a livre-iniciativa é um importante desdobramento do direito de liberdade, que não se esgota somente na busca pelo lucro, pois engloba também a atuação cooperativa. Além disso, o princípio da livre-iniciativa garante a possibilidade de exploração de todas as atividades não vedadas pelo ordenamento jurídico, inclusive aquelas atividades que materializam direitos fundamentais sociais.

Assim, a livre-iniciativa garante que instituições do terceiro setor atuem em setores econômicos com o objetivo de satisfazer necessidades essenciais à vida humana, como por exemplo na distribuição de medicamentos, de roupas e de microcrédito, bem como em atividades instrumentais à subsistência das entidades. Todas essas atividades inserem-se na *esfera de titularidade privada*, prevista pela Constituição de 1988 como o campo primordial de atuação da iniciativa privada.

A classificação constitucional das atividades sociais e econômicas necessárias à consecução dos fins do Estado através de campos denominados *esferas de titularidade* permite compreender a incidência do princípio da livre-iniciativa. Isso porque no ordenamento constitucional brasileiro há linhas divisórias entre as tarefas públicas, tarefas privadas e tarefas compartilhadas, sendo que a Constituição de 1988 é clara ao determinar, pela outorga de competências, a esfera de titularidade de cada ator social. Conforme representação adotada em outro trabalho, redigido em parceria com Fernando Menegat, os setores de titularidade previstos na Constituição podem ser representados da seguinte forma:

Nesse esquema, seguindo o raciocínio exposto em referida obra, é possível especificar as atividades abrangidas por cada esfera de titularidade:

> **ESFERA DE TITULARIDADE PRIVADA**, integrada por todas as atividades econômicas não atribuídas ao Estado por meio de expressa outorga de competência. Essa esfera é iluminada pelos princípios da livre-iniciativa (art. 170, *caput* e parágrafo único da CF/88), da propriedade privada (art. 170, II, da CF/88) e da livre concorrência (art. 170, IV da CF/88), dentre outros, sendo que toda e qualquer atividade que não tenha sido expressamente extraída da livre-iniciativa *pela própria Constituição* não pode ser vedada à exploração privada.

ESFERA DE TITULARIDADE ESTATAL, composta por dois grupos de atividades expressamente previstos pela Constituição:
(i) as atividades políticas, que envolvem a tomada de decisões e a possibilidade do uso da coação material, como a jurisdição, a legislação e o governo; o exercício do poder de polícia, a segurança pública e a regulação; e
(ii) o conjunto de atividades econômicas qualificadas pela Constituição como a prestação dos *serviços públicos econômicos*.[40]

ESFERA DE TITULARIDADE COMPARTILHADA, formada pelas atividades sociais objeto de *dupla outorga de competência* – tanto ao Estado quanto à iniciativa privada. Esse grupo é formado pelos *serviços públicos sociais* e os *serviços de relevância pública* voltados à garantia dos direitos sociais previstos no artigo 6º da Constituição.[41]

Assim, as únicas hipóteses de atuação direta do Estado na esfera de titularidade privada são os monopólios públicos e as atividades relacionadas no artigo 173 da Constituição Federal. Tal preceito prevê que a intervenção estatal direta na economia, por meio da prestação de serviços ou produção de bens, apenas pode ocorrer quando necessária aos imperativos da segurança nacional ou a relevante interesse coletivo.[42] Pode-se dizer, portanto, que a atuação estatal na *esfera de titularidade privada*, onde vige o princípio da livre-iniciativa, é subsidiária.

O princípio da subsidiariedade difundiu-se com a Doutrina Social da Igreja e foi tratado inicialmente, ainda que de maneira implícita, pelo

---

[40] Serviço postal e correio aéreo nacional (art. 21, X); serviços de telecomunicações (art. 21, XI); serviços de radiodifusão sonora e de sons e de imagens (art. 21, XII, "a"); serviços e instalações de energia elétrica e aproveitamento energético dos cursos d'água (art. 21, XII, "b"); navegação aérea, aeroespacial e infraestrutura aeroportuária (art. 21, XII, "c"); serviços de transporte ferroviário e aquaviário (art. 21, XII, "d"); serviços de transporte rodoviário interestadual e internacional de passageiros (art. 21, XII, "e"); serviços portuários (art. 21, XII, "f"); serviços de cartografia, geologia, geografia e estatística (art. 21, XV); serviços e instalações nucleares (art. 21, XXIII); serviços de transporte de gás canalizado (art. 25, §3º); - transporte coletivo (art. 30, V).

[41] Art. 6º São direitos sociais a educação, a saúde, a alimentação, o trabalho, a moradia, o transporte, o lazer, a segurança, a previdência social, a proteção à maternidade e à infância, a assistência aos desamparados, na forma desta Constituição.

[42] Art. 173. Ressalvados os casos previstos nesta Constituição, a exploração direta de atividade econômica pelo Estado só será permitida quando necessária aos imperativos da segurança nacional ou a relevante interesse coletivo, conforme definidos em lei.

Papa Leão XIII, na *Encíclica Rerum Novarum* (1891), e mais tarde pelo Papa Pio XI na *Encíclica Quadragésimo Anno* (1931). Seu fundamento reside na anterioridade natural das pessoas e comunidades sobre o Estado, de forma que este deve, de um lado, respeitar a autonomia dos indivíduos e, de outro, auxiliá-los na consecução de seus fins.

Sua finalidade é oferecer critério para a atuação de diversos atores nos casos em que todos eles tenham competência genérica para agir. A ideia geral trazida pelo princípio é a proteção da autonomia local, de modo que uma entidade superior apenas deve interferir em assuntos locais caso a comunidade inferior não tenha condições de tratar do assunto. Além dessa determinação, que se pode denominar de negativa, o princípio da subsidiariedade tem uma determinação positiva. Essa consequência impõe o dever de uma entidade superior atuar na esfera inferior quando esta não tiver condições de resolver de modo autônomo seus problemas.

A subsidiariedade ganhou força em sua conotação internacional. Isso aconteceu em solo europeu com o *Tratado de Maastrich*, que aplicou o princípio da subsidiariedade ao definir a divisão de competências na União Europeia, com prevalência dos Estados soberanos em face da interferência do ente supraestatal.

Já no campo da atuação social, a crise pela qual passou o Estado europeu em fins do século XX fez com que muitos teóricos passassem a defender a diminuição do aparato estatal, com vistas à provisão de serviços sociais pela própria sociedade. Isso porque, de acordo com esse entendimento, o crescimento demasiado do aparato estatal acabou produzindo em alguns países europeus uma estrutura muito grande, cara e ineficiente.

Emerson Gabardo critica a invocação do princípio da subsidiariedade como limite à atuação direta do Estado na área social, sob o argumento de que este implica a redução e negação do Estado de bem estar-social. Na opinião do autor, o Estado Social "exige uma forma de intervenção que passa a ser considerada inadequada: a atuação direta por intermédio de entes estatais submetidos ao regime jurídico administrativo".[43] Para o autor, o princípio da subsidiariedade é

---

[43] GABARDO, Emerson. *Interesse Público e Subsidiariedade*: o Estado e a Sociedade Civil para além do bem e do mal. Belo Horizonte: Fórum, 2009, p. 143. No mesmo sentido: VIOLIN, Tarso Cabral. *Terceiro Setor e as Parcerias com a Administração Pública*: uma análise crítica. Belo Horizonte: Fórum, 2006; e, de modo mais radical: MONTAÑO, Carlos. *Terceiro setor e questão social*: crítica do padrão emergente de intervenção social. 2. ed. São Paulo: Cortez, 2003.

utilizado pelo neoliberalismo como justificativa para a "devolução de tarefas à sociedade", as quais lhe foram retiradas pelo Estado.[44]

A crítica do autor é perfeita na medida em que, conforme esquema apresentado, a esfera de titularidade compartilhada, na qual se inserem as atividades sociais, demanda tanto a atuação estatal – direta e indireta – quanto a atuação privada. Em se tratando de um setor de atuação mista, não faz sentido o discurso de 'devolver' a responsabilidade pela garantia dos direitos sociais ao terceiro setor ou a quem quer que seja. Afinal tal dever é constitucionalmente atribuído ao Poder Público.

Não obstante, tal percepção não afasta a atuação do terceiro setor na ordem social. Isso porque a Constituição brasileira exige a "concretização dos direitos sociais" e não "a concretização dos direitos sociais por um determinado modelo de organização administrativa". Nesse plano, não há previsão constitucional que exija a atuação estatal na concretização de direitos sociais por meio de um modelo organizacional predefinido.

Essa compreensão conduz ao reconhecimento da possibilidade de diversas modalidades de parceria entre Estado e terceiro setor como instrumentos de ação pública aptos a materializar o dever estatal de ação na esfera de titularidade compartilhada. Tais parcerias, para serem admitidas como tais, devem necessariamente voltar-se ao aprimoramento da ação pública na provisão de serviços sociais, e não a seu enfraquecimento.

Nesse plano, o fundamento para a celebração de parcerias com o terceiro setor nas áreas sociais encontra-se no princípio da eficiência (como se verá adiante) e não no princípio da subsidiariedade. Este último é previsto pelo ordenamento constitucional brasileiro como limite à atuação estatal direta apenas na ordem econômica em sentido estrito, ou seja, na esfera de titularidade privada.

Conforme o gráfico anterior, por meio de atribuição de competências, o Poder Público tem dever de atuação tanto da *esfera de titularidade estatal* quanto na *esfera de titularidade mista*. Assim, enquanto a atuação estatal da esfera de titularidade privada é subsidiária, na área social ela é mandatória.

Noutros termos, enquanto na esfera de titularidade estatal encontram-se as atividades exclusivas de Estado e as atividades

---

[44] GABARDO, Emerson. *Eficiência e legitimidade do Estado*. Barueri: Manole, 2003, p. 168.

passíveis de atuação privada por meio de concessão e permissão (nos termos do artigo 175 da Constituição Federal), as atividades sociais encontram-se na esfera de titularidade compartilhada – na qual o poder público tem o dever de atuar e a iniciativa privada tem a faculdade de atuar (livremente ou em parceria com o poder público).

Nesse passo, como já se assentou, as atividades privadas de prestação material voltadas à garantia de direitos sociais podem ser qualificadas como *serviços de relevância pública*. Trata-se de atividades prestadas pela iniciativa privada e submetidas ao regime de direito privado, ainda que sujeitas ao incentivo, à regulação e à fiscalização estatais. É o que acontece, por exemplo, com os direitos à cultura, à alimentação, ao trabalho, à moradia, ao lazer, à proteção à maternidade e à infância.

Mas o incentivo estatal à iniciativa privada não é suficiente para garantir todos os direitos sociais. Em muitos casos é necessário que o próprio Estado assuma a prestação de determinados serviços. Isso ocorre nas hipóteses em que o texto constitucional ou a lei qualificam alguns dos serviços sociais como *serviços públicos sociais*. Essa qualificação corresponde à imposição de um dever estatal de prestar o serviço, de modo estável e contínuo. É o que acontece com a educação, a saúde, o transporte,[45] a segurança,[46] a previdência social e a assistência aos desamparados.

Ocorre que a atribuição constitucional ao Estado de um dever de prestação, como já enfrentado no presente trabalho, não consubstancia dever de que esta prestação seja efetuada, diretamente, pelo próprio Estado. Ao revés: a atribuição de um dever de prestação, em última análise, assume no ordenamento brasileiro os contornos de um *dever de garantia da prestação*, que pode ser realizada diretamente pelo próprio Estado ou, indiretamente, por instituições com as quais este celebre parcerias.

Daí decorre que, independentemente da possibilidade de atuação espontânea da iniciativa privada nos serviços sociais, há também a possibilidade de que o setor privado atue a partir de uma iniciativa do

---

[45] O transporte foi incluído como direito social pela Emenda Constitucional nº 90/2015 como resultado de manifestação de rua contra o aumento das tarifas de transporte público municipal e intermunicipal em todo o país. A garantia desse direito depende de serviços públicos passíveis de exploração econômica, razão pela qual não se cogita a celebração de parcerias com o terceiro setor.

[46] O direito à segurança depende do exercício do poder, razão pela qual não se admite sua prestação pelo terceiro setor.

Estado. É dizer: a iniciativa privada, *na esfera de titularidade compartilhada*, atua tanto por iniciativa própria autônoma (prestando serviços de relevância pública) quanto por iniciativa própria fomentada pelo Estado (também prestando serviços de relevância pública) ou por iniciativa e responsabilidade estatais (prestando serviços públicos sociais).

Nesse contexto, é possível perceber que, além da atuação privada autônoma, a atuação estatal na esfera de titularidade compartilhada pode ocorrer por meio da:

a) **prestação direta**, com a criação de **órgãos** ou entidades estatais, com infraestrutura e pessoal próprios;

b) **prestação indireta**, com a atribuição de um serviço público social a uma entidade do terceiro setor, que passa a exercê-lo fazendo as vezes do Estado, com estrita observância dos princípios do serviço público; ou

c) **atividade clássica de fomento** a uma entidade privada que preste um serviço privado de relevância pública.

De qualquer modo, ao consagrar direitos sociais e atribuir dever de sua garantia ao Estado, a Constituição Federal não acolheu o princípio da subsidiariedade na *esfera de titularidade compartilhada*. Pelo contrário, a Constituição Federal atribuiu protagonismo ao Poder Público, que deve garantir tais direitos a todos os cidadãos.

A predominância pelo modelo de provisão dos serviços necessários à garantia dos direitos sociais no Brasil, portanto, decorre de escolha política devidamente fundamentada em padrões de eficiência – os quais podem variar conforme o local e o tempo. Não há pressuposição de maior ou menor eficiência entre a prestação estatal ou privada de serviços sociais, mas necessidade de comprovação empírica e aprimoramento acerca de cada um dos modelos de atuação estatal na esfera de titularidade compartilhada.

Assim, o protagonismo e a responsabilidade estatal em relação à provisão de serviços sociais decorrem de regramento constitucional expresso. Tal regramento não cristaliza um único e eterno modelo administrativo de atuação na ordem social, mas exige categoricamente o protagonismo e a responsabilidade estatal para a concretização dos respectivos direitos fundamentais. Considerando que todos eles constituem cláusulas pétreas, a única alternativa para negar tal percepção seria a promulgação de um novo texto constitucional e, nesse sentido, concorda-se com a crítica de Emerson Gabardo já citada.

Por fim, voltando ao tema inicial deste tópico, resta consignar que na área social – integrante da esfera de titularidade compartilhada – vige, também, o já analisado princípio da livre-iniciativa. Afinal, não há óbices para que empresas e instituições do terceiro setor atuem em tal área. Não obstante, considerando que as atividades de tal esfera de ação consistem em mecanismos necessários à concretização de direitos fundamentais sociais, há o dever estatal de atuação (por uma das formas elencadas) de modo a garantir sua fruição por todos os cidadãos. A atuação subsidiária neste campo é, portanto, da iniciativa privada com fins e sem fins lucrativos – que pode complementar de modo autônomo a necessária atuação estatal (direta ou indireta).

3.1.3 Princípios que fundamentam a celebração de parcerias entre o Estado e instituições do terceiro setor

Uma vez reconhecido que cumpre à sociedade civil participar do processo de concretização dos direitos fundamentais no Brasil, é necessário perquirir os critérios a serem adotados pelo Estado para a escolha do modo de atuação voltado à garantia de direitos. Para tanto, no que toca às parcerias com instituições do terceiro setor, o ordenamento jurídico brasileiro alberga o princípio da eficiência, o princípio da descentralização e o princípio da complementaridade.

3.1.3.1 Princípio da eficiência

As constituições modernas trazem uma série cada vez mais ampla e complexa de tarefas a serem desempenhadas pelo Estado para a consecução de suas finalidades. Além de atividades *típicas e exclusivas de Estado* – como a legislação, a jurisdição, o governo, a representação diplomática, a polícia administrativa, a segurança pública e a regulação econômica –, cabe ao Poder Público a consecução de tarefas *típicas, mas não exclusivas de Estado*. Estas últimas correspondem às atividades prestacionais – serviços públicos econômicos (situados na esfera de titularidade estatal), aos serviços públicos sociais (situados na esfera de titularidade compartilhada) e às atividades promocionais da Administração Pública. Em relação a todas elas, há margem de escolha pelo modelo organizacional mais adequado à consecução do fim pretendido.

O princípio da eficiência tem raiz no princípio italiano da *boa administração* e foi incorporado ao *caput* do art. 37 da Constituição de 1988 pela Emenda Constitucional nº 19/1998.[47] Nessa vertente, o ditame constitucional da eficiência pode ser traduzido pela utilização mais produtiva de recursos econômicos de modo a produzir melhores resultados e vedar desperdícios.

No que interessa ao presente estudo, deve-se notar que é posto ao gestor público escolher o meio mais adequado para o exercício de sua atividade prestacional (que pode ser direta ou indireta) ou promocional (que pode ocorrer por meio de diversos mecanismos de fomento), a fim de garantir a concretização dos direitos fundamentais, em especial os de caráter social. Trata-se da obrigação de satisfazer as necessidades dos cidadãos da maneira menos dispendiosa para a Administração e mais segura para o cidadão.

Para concretizar tal intento, o ordenamento jurídico prevê três mecanismos:

a) **prestação direta**, com a criação de órgãos ou entidades estatais, com infraestrutura e pessoal próprios;

b) **prestação indireta**, com a atribuição de um serviço público social a uma entidade do terceiro setor, que passa a exercê-lo fazendo as vezes do Estado; e

c) **atividade de fomento** a uma entidade privada que preste um serviço privado de relevância pública.

Para cada uma dessas hipóteses há um regime jurídico próprio e deve ser eleito, pela Administração, aquele que se mostrar mais eficiente para cumprir a prestação almejada.

No plano da execução de atividades voltadas à garantia de direitos sociais, a opção, portanto, de prestação direta ou indireta ocorre, nos termos da lei, conforme a discricionariedade administrativa. Cabe ao Administrador Público responsável pela garantia dos direitos fundamentais realizar sua escolha, que deve ser motivada e ter como fundamento o princípio constitucional da eficiência.

O princípio da eficiência tem como objetivo, conforme Ubirajara Costódio Filho, a utilização da forma correta dos recursos (meios de

---

[47] Celso Antônio Bandeira de Mello afirma que o princípio da eficiência é uma faceta da "boa administração", que é premissa mais ampla. Trata-se, em seus dizeres, de desenvolver a atividade administrativa de forma mais oportuna e adequada aos fins a serem alcançados, o que se faz pela escolha dos meios mais idôneos para tanto (MELLO, Celso Antônio Bandeira de. *Curso de Direito Administrativo*. 23. ed. São Paulo: Malheiros, 2008. p. 117 e 118.)

produção disponíveis), tendo em conta que a atividade deve estar voltada à melhor maneira pela qual as coisas devem ser feitas ou executadas (métodos de trabalho), a fim de que recursos (pessoas, máquinas, matérias-primas, etc.) sejam aplicados da forma mais plena possível. A preocupação é focada nos meios e métodos mais indicados, que precisam ser planejados a fim de assegurar a otimização dos recursos, pois cabem a eles atingir sua finalidade.[48]

Nesse sentido, Alexandre Santos de Aragão afirma que a eficiência impõe a insurgência de uma legalidade finalística e material (dos resultados práticos alcançados) e não mais uma legalidade meramente formal, subsuntiva e abstrata (mera compatibilidade 'in abstrato' com as regras superiores).[49]

A aplicação do princípio da eficiência deve ocorrer de forma sistemática, juntamente com os outros princípios que norteiam a Administração, pois não é admissível, por exemplo, ser eficiente em detrimento da legalidade ou da moralidade.[50] Assim, a eficiência administrativa não existe fora do contexto constitucional,[51] razão pela qual o princípio constitucional da eficiência possui viés administrativo e não meramente econômico.

Nesse ponto, deve-se ressaltar que o princípio da eficiência não implica a prevalência da racionalidade econômica na interpretação das leis ou na atuação do Estado. Como já afirmado em outra oportunidade, o princípio da eficiência incide na organização e no funcionamento da Administração Pública, de modo que a racionalidade econômica, sintetizada do dístico custo/benefício, é incorporada ao raciocínio jurídico como instrumento para definição da melhor forma de concretização dos direitos fundamentais.[52] Afinal, conforme Emerson Gabardo, não existe eficiência quando inexiste respeito aos direitos

---

[48] COSTÓDIO FILHO, Ubirajara. Emenda Constitucional 19/98 e o princípio da eficiência na Administração Pública. *Cadernos de Direito Constitucional e Ciência Política*, São Paulo, p. 102-107, 1999.

[49] ARAGÃO, Alexandre Santos de. *Direito dos serviços públicos*. Rio de Janeiro: Forense, 2007, p. 357.

[50] FARIAS, Valter Nazareno. A estrutura organizacional da Administração Pública e os princípios formadores da função Administrativa. *Revista dos Tribunais*, 833/75, p. 1299-1300, maio 2009.

[51] GABARDO, Emerson. *Eficiência e legitimidade do Estado*. Barueri, SP: Manole, 2003, p. 162-163.

[52] MÂNICA, Fernando B. Racionalidade econômica e racionalidade jurídica na constituição de 1988. *A&C Revista de Direito Administrativo e Constitucional*, Belo Horizonte, ano 8, v. 32, p. 131, abr./jun. 2008.

fundamentais e submissão aos princípios constitucionais estruturantes, como o princípio do Estado social e democrático de direito.[53]

A eficiência, nessa medida, não implica a negação da legalidade. Pelo contrário, trata-se de um componente a mais a ser inserido na interpretação da lei, que conduz à sua vinculação com a realidade. Nessa direção, Gomes Canotilho defende a conciliação entre o princípio da legalidade de administração com o *princípio da oportunidade ou optimalidade*, a fim de que a Administração Pública possa realizar com eficiência seus deveres. Para o autor, o princípio da eficiência da administração ergue-se a princípio constitutivo da legalidade desde que isso não signifique preterição das dimensões garantísticas básicas do Estado de direito.[54] Nessa perspectiva, como consignou Egon Bockmann Moreira, o princípio da eficiência dirige-se à maximização do respeito à dignidade da pessoa humana.[55]

No que toca especificamente às parcerias com o terceiro setor, o princípio da eficiência administrativa exige que, no processo de tomada de decisão acerca do modo de satisfação de necessidades sociais, sejam levados em conta não apenas os ditames típicos do regime jurídico administrativo, mas também o resultado prático das prestações, de modo a alcançar o maior número de beneficiários com a maior qualidade possível.

Nesse raciocínio, devem ser levados em conta também, e principalmente, eventuais riscos decorrentes da celebração de parcerias e descentralização dos serviços sociais às instituições do terceiro setor. Tais riscos envolvem, por exemplo, a desmobilização de estrutura e pessoal próprios, o que pode implicar perda de informação, controle, *know-how*, permanência e estabilidade dos serviços prestados. A perfeição, o rendimento funcional adequado e a boa prestação de serviços devem, em atenção à eficiência administrativa, estar acompanhados de segurança quanto a todos esses fatores, bem como ao respeito dos demais princípios constitucionais.

A fim de garantir tal observância, a jurisprudência e a legislação do terceiro setor, em especial a partir do julgamento da Ação Direta de

---

[53] GABARDO, Emerson. *Princípio constitucional da eficiência administrativa*. São Paulo: Dialética, 2002, p. 20 e 90.

[54] CANOTILHO, J. J. Gomes. *Direito constitucional e teoria da constituição*. 7. ed. Coimbra: Almedina, [s.d.], p.735.

[55] MOREIRA, Egon Bockmann. Processo Administrativo e Princípio da Eficiência. *In:* SUNDFELD, Carlos Ari; MUÑOZ, Guillermo Andrés (Coord.). *As Leis de Processo Administrativo*. São Paulo: Malheiros, 2000, p. 330.

Inconstitucionalidade – ADI nº 1.931/DF, passaram a exigir uma série de cautelas, procedimentos e requisitos a serem observados durante o processo de planejamento, escolha da entidade privada, execução do objeto e prestação de contas de uma parceria.[56] Deve-se ressaltar que a observância peremptória de tais exigências deve ocorrer em cada caso concreto de celebração de parcerias com o terceiro setor.

Nesse contexto, pode-se perceber que a Constituição brasileira não restringe a atuação do Poder Público a modelos preconcebidos de Estado e a determinadas formas de prestação de serviços. Nesse sentido, é válida a advertência de Carlos Ari Sundfeld acerca da necessidade de os juristas aprofundarem o estudo das particularidades – não só as normativas, mas as técnicas e as econômicas – de cada setor de atuação estatal, sob pena de desacoplamento entre a estrutura normativa estatal e o mundo real.[57]

De outro bordo, deve-se ressaltar que o texto constitucional não relega os direitos fundamentais à mera benemerência e tampouco os trata como mercadorias apostas em balcões à espera do menor preço. Por isso, é necessária a análise das dificuldades de cada modelo disponível e suas peculiaridades, mensurando como elas se amoldam às atividades a serem executadas à luz do princípio da eficiência.

Portanto, a adoção do critério da eficiência não implica, *de per se*, a ampliação ou a redução da estrutura do Estado, mas a exigência de adequação entre meios e fins. Afinal, o aparato administrativo não é um fim em si mesmo, mas um importante instrumento para a garantia segura e estável de direitos fundamentais.

3.1.3.2 Princípio da descentralização

Ao passo que o princípio da eficiência justifica a celebração de parcerias com o terceiro setor, o princípio da descentralização materializa a transferência de competências do ente central para entes estatais periféricos ou para a iniciativa privada. A adoção de tal técnica é prevista em diversos pontos do ordenamento jurídico brasileiro.

Como se sabe, à medida que a Constituição Federal estabeleceu uma divisão de competências administrativas entre os entes federativos

---

[56] BRASIL. Supremo Tribunal Federal. Ação Direta de Inconstitucionalidade n. 1923-5/DF, Tribunal Pleno, Relator Min. Luiz FUX, *Diário de Justiça da União*, 17 dez. 2015.
[57] SUNDFELD, Carlos Ari. Serviços públicos e regulação estatal. *In:* SUNDFELD, Carlos Ari. (Coord.). *Direito administrativo econômico*. São Paulo: Malheiros, 2000, p. 34.

(União, Estados, Distrito Federal e Municípios), ela concentrou tais incumbências na figura do Poder Executivo, de modo que é necessária a *desconcentração* de funções para órgãos subalternos a fim de tornar sua execução viável. Mas, para além disso, há também a necessidade de *descentralização* de determinadas incumbências, como a de poderes e atribuições para fora da personalidade jurídica central da Administração Pública.

As duas modalidades de transferência do exercício destas atividades públicas têm por objetivo, conforme Irene Nohara, racionalizar o desenvolvimento e a prestação de atividades do Estado, no sentido de tirar do centro um grande volume de atribuições, permitindo um desempenho mais adequado e proveitoso. Neste sentido, a autora traça duas categorias de *descentralização*:

a) política: exercida entre os entes com personalidade jurídica pública de direito interno, que realizam diretamente as competências previstas na Constituição;

b) administrativa: quando um ente central empresta atribuições aos órgãos periféricos ou às outras pessoas jurídicas. O teor dessas distribuições não decorre da Constituição, mas da outorga legal ou contratual.[58]

Dentro da *descentralização administrativa* figura a descentralização por colaboração, onde a autora inclui a transferência de determinados serviços por meio de ato administrativo ou contrato às pessoas jurídicas de direito privado, mantendo o Poder Público a titularidade do serviço. O Estado, ao colocar em ação as atividades administrativas que a Constituição Federal imputa sob sua responsabilidade, pode prestá-las por si mesmo ou através de outros sujeitos, podendo descentralizá-las a entes da própria administração indireta ou a particulares.

Odete Medauar caracteriza *descentralização administrativa* como a transferência de poderes de decisão em matérias específicas a entes dotados de personalidade jurídica própria, os quais exercem em nome próprio atividades que tem as mesmas características e os mesmos efeitos das atividades administrativas estatais. Entretanto, a autora defende que a descentralização é restrita exclusivamente à administração indireta. Segundo a crítica de Medauar, há um descompasso entre a conceituação doutrinária e o emprego legal do termo, de modo que o próprio Decreto-Lei nº 200, de 25 de fevereiro de 1967,

---

[58] NOHARA, Irene Patrícia. *Direito Administrativo*. 5. ed. São Paulo: Atlas, 2015, p. 560-561.

conhecido como Lei de Organização Administrativa Federal, equivoca-se ao utilizar a expressão.[59]

Cabe lembrar, no entanto, que o Decreto-Lei nº 200/67, quando estabelece a divisão de Administração Direta e Administração Indireta, realiza uma classificação orgânica, de modo que a esta última foram incorporados apenas sujeitos pertencentes à estrutura da Administração Federal, sem levar em conta a natureza substancial das atividades por eles exercidas.[60]

Assim, conforme Celso Antônio Bandeira de Mello, essa divisão entre administração direta e indireta é por vezes incapaz de albergar todas as atividades de natureza/interesse administrativo de competência estatal. Segundo tal raciocínio, a administração indireta não coincide totalmente com a administração descentralizada, visto que a primeira não engloba a atividade pública exercida por particulares.[61] Para o autor, pode-se falar em descentralização nos casos em que houver: (i) personalidade jurídica própria; (ii) exercício de atividade pública ou que abarque interesses do Estado; (iii) ausência de subordinação hierárquica, porém submissão ao controle administrativo.[62]

Nessa perspectiva, pode-se falar em duas espécies de descentralização administrativa. A descentralização funcional é adotada nos casos em que é criada uma entidade da Administração Pública Indireta para a qual é trespassada determinada atividade. Já a descentralização por colaboração é aquela na qual a transferência de atividades ocorre em direção a entidades privadas previamente existentes.[63]

Nessa linha de raciocínio, o próprio Decreto-Lei nº 200/67 especifica as hipóteses de descentralização:

> Art. 10. A execução das atividades da Administração Federal deverá ser amplamente descentralizada.

---

[59] MEDAUAR, Odete. *Direito Administrativo Moderno*. 19. ed. São Paulo: Revista dos Tribunais, 2015, p. 77-78.

[60] Art. 4º A Administração Federal compreende: I - A Administração Direta, que se constitui dos serviços integrados na estrutura administrativa da Presidência da República e dos Ministérios. II - A Administração Indireta, que compreende as seguintes categorias de entidades, dotadas de personalidade jurídica própria: a) Autarquias; b) Empresas Públicas; c) Sociedades de Economia Mista; d) Fundações públicas.

[61] MELLO, Celso Antônio Bandeira de. *Curso de Direito Administrativo*. 23. ed. São Paulo: Malheiros, 2008, p. 148-155.

[62] MELLO, Celso Antônio Bandeira de. Modalidades de descentralização administrativa e seu controle. *Revista de Direito Público – RDP*, 4/51, p. 25-34, jun. 1968.

[63] FORTINI, Cristiana. *Contratos administrativos:* franquia, concessão, permissão e PPP. Belo Horizonte: Del Rey, 2007, p. 12.

§1º A descentralização será posta em prática em três planos principais:

a) dentro dos quadros da Administração Federal, distinguindo-se claramente o nível de direção do de execução;

b) da Administração Federal para as unidades federadas, quando estejam devidamente aparelhadas e mediante convênio;

c) da Administração Federal para a órbita privada, mediante contratos ou concessões.

Especificamente no que toca à descentralização de atividades administrativas prestacionais para a inciativa privada, o mesmo diploma legal traz a seguinte orientação e justificativa:

Art. 10 (...)

§7º Para melhor desincumbir-se das tarefas de planejamento, coordenação, supervisão e controle e com o objetivo de impedir o crescimento desmesurado da máquina administrativa, a Administração procurará desobrigar-se da realização material de tarefas executivas, recorrendo, sempre que possível, à execução indireta, mediante contrato, desde que exista, na área, iniciativa privada suficiente desenvolvida e capacitada para desempenhar os encargos da execução.

Art. 11. A delegação de competência será utilizada como instrumento de descentralização administrativa, com objetivo de assegurar maior rapidez e objetividade às decisões, situando-as na proximidade dos fatos, pessoas ou problemas a atender.

Também no âmbito constitucional a descentralização administrativa é adotada. No campo da assistência social, as instituições do terceiro setor são expressamente referidas. Nesse sentido, o artigo 204 da Constituição de 1988 é claro ao prever a descentralização administrativa das ações públicas de assistência social para as entidades beneficentes de assistência social:

Art. 204. As ações governamentais na área da assistência social serão realizadas com recursos do orçamento da seguridade social, previstos no art. 195, além de outras fontes, e organizadas com base nas seguintes diretrizes:

I - descentralização político-administrativa, cabendo a coordenação e as normas gerais à esfera federal e a coordenação e a execução dos respectivos programas às esferas estadual e municipal, bem como a entidades beneficentes e de assistência social;

Portanto, tanto no plano legislativo quanto no plano constitucional, o ordenamento pátrio prevê a descentralização de atividades administrativas prestacionais à iniciativa privada e ao terceiro setor, como forma de o Poder Público mais eficientemente se desincumbir de suas tarefas constitucionais.

O princípio da descentralização reforça, nesse prisma, o reconhecimento do ordenamento jurídico brasileiro quanto à existência de diversas modalidades de ação pública a serem adotadas conforme a realidade. A opção estatal por mecanismos de participação privada de instituições do terceiro setor na provisão de serviços sociais, à luz da eficiência, encontra fundamento, assim, na técnica da descentralização.

3.1.3.3 Princípio da complementaridade

O princípio da complementaridade da atuação do terceiro setor é previsto pela Constituição Federal especificamente na disciplina do Sistema Único de Saúde – SUS. Eis o que dispõe o parágrafo 1º do artigo 199 do texto constitucional:

> Art. 199 (...)
>
> §1º - As instituições privadas poderão participar de forma complementar do sistema único de saúde, segundo diretrizes deste, mediante contrato de direito público ou convênio, tendo preferência as entidades filantrópicas e as sem fins lucrativos.

Em trabalho sobre o tema, este autor já defendeu que a noção de complementaridade deve ter como parâmetro todas as ações e serviços de saúde, os quais não podem ser executados integralmente por entidades privadas, por envolverem atividades exclusivas de Estado, como ações de vigilância, regulação e formulação de políticas públicas.[64] Nesse diapasão, defendeu-se que a complementaridade da participação privada nos serviços públicos de saúde não implica limitação quantitativa à esfera passível de atuação privada contratada ou conveniada na prestação de serviços de assistência à saúde. Isso porque a referência constitucional à complementaridade, no caso dos serviços assistenciais, refere-se apenas à possibilidade de prestação tanto de uma forma (direta) quanto de outra (indireta).[65]

---

[64] MÂNICA, Fernando Borges. *O Setor Privado nos Serviços Públicos de Saúde*. Belo Horizonte: Fórum, 2010, p. 167.
[65] MÂNICA, Fernando Borges. A complementaridade da participação privada no SUS. *Revista Brasileira de Direito da Saúde*, Brasília, v. 2, p. 34-54, jan./jul. 2012.

Em outras palavras, parte das ações e serviços públicos de saúde envolvem atividades exclusivas de Estado, as quais não podem ser trespassadas aos particulares por meio de parcerias, por envolverem o exercício do poder de império do Estado. Já as atividades assistenciais, por envolverem a mera prestação de serviços, podem ser trespassadas a entes privados sem qualquer limitação estabelecida *a priori*, desde que por meio de vínculos jurídicos que garantam o respeito às diretrizes do SUS e aos princípios do serviço público.

Tal entendimento restou acolhido pelo Supremo Tribunal Federal no Recurso Extraordinário nº 581.488/RS, no qual o Relator, Min. Dias Toffoli, seguido pela unanimidade do STF, assim consignou:

> A ação complementar não implica que o privado se torne público ou que o público se torne privado. Cuida-se de um processo político e administrativo em que o Estado agrega novos parceiros com os particulares, ou seja, com a sociedade civil, buscando ampliar, completar, ou intensificar as ações na área da saúde. Não significa, sob o espectro constitucional, que somente o poder público deva executar diretamente os serviços de saúde - por meio de uma rede própria dos entes federativos -, tampouco que o poder público só possa contratar instituições privadas para prestar atividades meio, como limpeza, vigilância, contabilidade, ou mesmo determinados serviços técnicos especializados, como os inerentes aos hemocentros, como sustentado por parte da doutrina.
>
> Isso não implica que haja supremacia da Administração sobre o particular, que pode atuar, em parceria com o setor público, obedecendo sempre, como mencionado, os critérios da consensualidade e da aderência às regras públicas. Como se constata pelas exitosas experiências em países como Alemanha, Canadá, Espanha, França, Holanda, Portugal e Reino Unido, dentre outros, na área da saúde, importantes requisitos das parcerias, como contratualização, flexibilidade, possibilidade de negociação, consensualismo, eficiência e colaboração são fundamentais para que os serviços possam ser prestados de forma ao menos satisfatória.
>
> Dessa perspectiva, como já escreveu Mânica:
>
> "[P]ode-se concluir que a assistência prestada por meio da iniciativa privada deve complementar as atividades de competência do SUS, as quais não podem ser integralmente executadas por terceiro. Tal entendimento veio ao encontro do que dispõe ao artigo 197, que não faz qualquer balizamento à possibilidade de participação privada na prestação de serviços. Assim, quando a Constituição Federal menciona a complementaridade da participação privada no setor de saúde, ela determina que a participação da iniciativa privada deve ser complementar ao SUS, incluídas todas as atividades voltadas à prevenção

de doenças e à promoção, proteção e recuperação da saúde, dentre as quais aquelas de controle e fiscalização" (Fernando Borges Mânica, *op. cit.*, p. 7).

Entretanto, essa complementariedade não autoriza que se desconfigure a premissa maior na qual se assenta o serviço de saúde pública fixada pela Carta Maior: o Sistema Único de Saúde orienta-se, sempre, pela equanimidade de acesso e de tratamento; a introdução de medidas diferenciadoras, salvo em casos extremos e justificáveis, é absolutamente inadmissível.[66]

A previsão constitucional de complementariedade no SUS implica, portanto, a possibilidade de prestação privada dos serviços de assistência à saúde, os quais integram (e complementam) o rol mais amplo de ações e serviços de saúde previsto no artigo 200 do texto constitucional, muitos dos quais relacionados ao exercício de atividades exclusivas de Estado.

Nessa dimensão, no que tange ao setor de saúde, o maior ou menor volume de parcerias com o terceiro setor não decorre da aplicação do princípio da complementariedade, o qual meramente prevê a possibilidade de celebração de parcerias para a prestação de serviços públicos de saúde e não para outras atividades exercidas pelo SUS. As parcerias na saúde decorrem de decisão política a ser tomada com base no princípio da eficiência, pela técnica da descentralização e instrumentalizada por vínculos jurídicos que garantam estabilidade ao ajuste e respeito às diretrizes do SUS e aos princípios do serviço público.

De todo modo, tanto na saúde quanto nos demais serviços sociais que integram a esfera de titularidade compartilhada de atuação, a atuação do terceiro setor em parceria com o Estado é complementar. Afinal, como já dito, a Constituição brasileira exige o protagonismo estatal na garantia de tais direitos, ainda que não na execução material das atividades necessárias para tanto. O único critério útil para definição da proporção entre a atuação estatal direta e a atuação por meio de parcerias com o terceiro setor refere-se ao princípio da eficiência, que não possui conteúdo abstrato e, muito menos, apriorístico.

---

[66] BRASIL. Supremo Tribunal Federal. Recurso Extraordinário nº 581.488/RS. Tribunal Pleno, Relator Min. Dias Toffoli. *Diário de Justiça da União*, 8 abr. 2016.

3.2 Legislação do terceiro setor

Numerosas leis foram editadas no Brasil com o objetivo de disciplinar a existência, criação, organização, finalidades, parcerias, controle, tributação, repasse de recursos, relações de trabalho e outras atividades desenvolvidas por instituições do terceiro setor. Poucas delas têm como objeto unicamente o terceiro setor, sendo que a maior parte se refere a capítulos dos respectivos ramos jurídicos voltados ao tema. Daí ter-se dito que muitos trabalhos acadêmicos sobre o Direito do Terceiro Setor partem de um recorte acerca da incidência de um ramo especializado do Direito sobre as instituições do terceiro setor.

Nesse universo de diplomas normativos que incidem sobre o terceiro setor, há um conjunto de leis instituídas especificamente para sua disciplina. Tais leis têm como característica comum disciplinarem certificados e qualificações outorgados ou reconhecidos pelo Estado, bem como disciplinarem os consequentes benefícios ou vínculos passíveis de serem firmados com o Poder Público. Na esfera federal, integram esse rol os seguintes diplomas normativos:

- **Lei nº 9.637/98**, que trata das Organizações Sociais – OS e dos contratos de gestão;
- **Lei nº 9.790/99**, que trata das Organizações da Sociedade Civil – OSCIPs e dos Termos de Parceria;
- **Lei nº 13.019/14**, que trata das Organizações da Sociedade Civil – OSCs e dos termos de colaboração, termos de fomento e acordos de cooperação;
- **Lei Complementar nº 187/21**, que trata do Certificado de Entidade Beneficente de Assistência Social – CEBAS.[67]

Além delas, há numerosas leis estaduais, distritais e municipais que têm como objeto, exclusivo ou não, o terceiro setor. Nesse contexto, não há uma codificação do Direito do Terceiro Setor e, nem mesmo, uma sistematização doutrinária acerca do tema. De todo modo, é possível identificar em alguns ramos clássicos do Direito disposições com incidência específica e de particular importância sobre as instituições do terceiro setor.

---

[67] Como referido anteriormente, a Lei Complementar nº 187/21 revogou a Lei Ordinária nº 12.101/09, que regulamentava a concessão do CEBAS, bem como os requisitos para fruição da imunidade tributária a contribuições para a seguridade social.

3.2.1 Direito Constitucional

O Direito Constitucional é o ramo do Direito que tem como principal objeto dois grandes grupos de normas jurídicas: (i) aquelas acerca da organização e funcionamento do Estado e (ii) aquelas que preveem e garantem direitos fundamentais dos cidadãos. Ambos têm incidência sobre o terceiro setor, seja porque o exercício de diversas atribuições estatais depende da celebração de parcerias com terceiro setor, seja porque a concretização de numerosos direitos fundamentais ocorre em solo pátrio pela atuação direta das instituições do terceiro setor.

Assim, dada a importância das entidades sem fins lucrativos à consecução das atribuições e fins estatais, a espinha dorsal do Direito do Terceiro Setor é dada pelo próprio texto constitucional. Como visto detalhadamente, os princípios estruturantes desta área – que garantem ausência de óbices para criação e organização de instituições do terceiro setor, que preveem a participação do terceiro setor na concretização dos direitos fundamentais e que fundamentam a celebração de parcerias entre o Estado e instituições do terceiro setor – encontram-se plasmados na Constituição Federal de 1988.

3.2.2 Direito Civil e Direito Empresarial

O Direito Civil é o ramo destinado a tratar do conjunto de normas reguladoras dos direitos e obrigações de ordem privada concernente às pessoas, aos bens e às suas relações enquanto membros da sociedade. Já o Direito Empresarial é o ramo do Direito que estuda as relações jurídicas que envolvem a empresa, as relações societárias, os títulos de crédito, a concorrência, a propriedade intelectual e industrial e os contratos mercantis. Este ramo está inserido no Livro II do Código Civil, de modo que há uma relação estreita entre ambas as matérias.

Em face de sua natureza jurídica de direito privado, a instituição, organização e funcionamento das associações, fundações, organizações religiosas, partidos políticos e sociedades cooperativas são disciplinados pelo Direito Civil e, subsidiariamente, pelo Direito Empresarial.

O Código Civil traz, nessa medida, toda a regulamentação acerca das pessoas jurídicas de direito privado, tratando de modo detalhado acerca da constituição, finalidades, organização e extinção das associações (artigos 53 a 61), bem como das fundações (artigos 62 a 69). Tais temas são tratados no livro *Instituições do Terceiro Setor*. Além disso, toda a regulamentação sobre atos e negócios jurídicos, obrigações e contratos, bens e propriedade é dada, como se sabe, pelo Código Civil.

As instituições de Direito do Terceiro Setor são disciplinadas originalmente pelo direito privado, em especial no que toca à sua criação e organização, sofrendo a incidência de normas de direito público na medida em que se relacionam com o poder público e atuam na garantia de direitos fundamentais em colaboração com o Estado. Tais normas de natureza publicista são previstas, sobretudo, nas leis que estabelecem títulos e qualificações a instituições do terceiro setor.

3.2.3 Direito Administrativo

O Direito Administrativo corresponde ao conjunto de regras e princípios que disciplinam a Administração Pública (em sentido subjetivo) e a administração pública (em sentido objetivo).

Em sentido subjetivo, integram a Administração Pública todos os entes da Administração Direta de cada ente federativo, alocados na estrutura do Poder Executivo, bem como os entes da Administração Indireta (autarquias, fundações, empresas públicas, sociedades de economia mista e suas subsidiárias). Já em sentido subjetivo, administração pública corresponde à atividade administrativa, entendida como o conjunto de ações ordenadoras (centradas sobretudo no exercício do poder de polícia e da regulação), promocionais (centradas sobretudo na atividade de fomento), prestacionais (centradas sobretudo nos serviços públicos e atividades econômicas de interesse público) e instrumentais (centradas sobretudo na gestão de pessoas e de bens necessários para o funcionamento de todo aparato estatal – incluindo os demais poderes de Estado).

Percebe-se, portanto, que, sob o prisma objetivo da Administração Pública, o Direito Administrativo não incide apenas sobre entes estatais, mas também sobre entes privados que estão sujeitos a regras de ordenação, regulação, que recebem fomento, que necessitam de serviços públicos e que integram o conjunto de agentes públicos. Assim, o Direito Administrativo irradia seus efeitos de modo bastante amplo e intenso sobre a esfera privada.

No caso do terceiro setor, a incidência do Direito Administrativo é ainda mais intensa, na medida em que grande parte das instituições do terceiro setor é incentivada pelo Estado ou presta serviços em parceria com o Estado. Ao fazê-lo, tais entidades integram o conceito de administração pública (em sentido objetivo) e sofrem a incidência de normas de Direito Administrativo.

Tal incidência, independente de disposição legal expressa, foi reconhecida no julgamento de mérito da Ação Direta de Inconstitucionalidade nº 1.923/DF, que tratou das Organizações Sociais, mas cujos fundamentos podem ser aplicados a todas as relações entre o Poder Público e as instituições do terceiro setor.[68]

Em tal julgado, o Supremo Tribunal Federal impôs a observância "dos princípios da Administração Pública" ao relacionamento do Estado com as Organizações Sociais. De outro lado, contudo, o STF afastou a incidência de regras próprias da Administração Pública, como a exigência de licitação e de concurso público – procedimentos que não devem ser seguidos pelas Organizações Sociais (e demais instituições do terceiro setor), as quais, como dito, devem obediência geral aos princípios da Administração Pública.

O desafio trazido por tal compreensão, que protege o interesse público e concretiza o princípio republicano, corresponde à definição do nível de intensidade de tal incidência sobre as diversas modalidades de atividade desempenhada e de relacionamento firmado entre as instituições do terceiro setor e o Estado. Assim, em cada modalidade de parceria, deve a legislação específica, e, em sua falta, a normatização interna de cada entidade do terceiro setor, delimitar o modo específico de atendimento dos princípios da legalidade, impessoalidade, moralidade, publicidade e transparência plasmados no artigo 37 da Constituição de 1988.[69]

Assim, as leis próprias do Direito do Terceiro Setor referidas costumam integrar, ainda que de modo sintético, obras sobre Direito Administrativo. Isso por dois motivos principais. Em primeiro lugar, pelos vínculos de parceria que parte do terceiro setor possui com a Administração Pública. Em segundo lugar, pela importância que o terceiro setor tem para a execução das atividades administrativas voltadas à concretização de políticas públicas que materializam direitos fundamentais.

---

[68] BRASIL. Supremo Tribunal Federal. Ação Direta de Inconstitucionalidade n. 1923-5/DF, Tribunal Pleno, Relator Min. Luiz FUX, *Diário de Justiça da União*, 17 dez. 2015.

[69] Art. 37. A administração pública direta e indireta de qualquer dos Poderes da União, dos Estados, do Distrito Federal e dos Municípios obedecerá aos princípios de legalidade, impessoalidade, moralidade, publicidade e eficiência e, também, ao seguinte: (...).

Além disso, algumas leis típicas de Direito Administrativo, como a Lei de Improbidade Administrativa – LIA, contém uma série de preceitos que veiculam hipóteses de atos de improbidade relacionadas especificamente ao terceiro setor.[70]

3.2.4 Direito Financeiro

O Direito Financeiro é o ramo do Direito público encarregado de tutelar a atividade financeira do Estado, composta pela obtenção e gasto de seus recursos. Assim, é de se afirmar que o Direito Financeiro tem por objeto a tutela do orçamento público, que, de maneira sucinta, pode ser definido como o conjunto formado pela realização de despesas e arrecadação de receitas públicas.

Como se sabe, parte das instituições do terceiro setor depende do repasse de recursos públicos para o exercício de suas atividades, em especial aquelas que atuam na esfera de titularidade compartilhada ente o Poder Público e a iniciativa privada. O repasse de recursos públicos ao terceiro setor constitui despesa pública, entendida como o desembolso efetuado pelo Estado para realizar suas tarefas.

O repasse de recursos a instituições do terceiro setor para custeio, investimento ou cobertura de déficits, realizado sem contraprestação direta em bens ou serviços, é denominado de transferência. As transferências para o setor privado são classificadas pela Lei nº 4.320,

---

[70] Art. 10. Constitui ato de improbidade administrativa que causa lesão ao erário qualquer ação ou omissão, dolosa ou culposa, que enseje perda patrimonial, desvio, apropriação, malbaratamento ou dilapidação dos bens ou haveres das entidades referidas no art. 1º desta lei, e notadamente: (...) VIII - frustrar a licitude de processo licitatório ou de processo seletivo para celebração de parcerias com entidades sem fins lucrativos, ou dispensá-los indevidamente; (...) XVIII - celebrar parcerias da administração pública com entidades privadas sem a observância das formalidades legais ou regulamentares aplicáveis à espécie; (...) XIX - agir negligentemente na celebração, fiscalização e análise das prestações de contas de parcerias firmadas pela administração pública com entidades privadas; XX - liberar recursos de parcerias firmadas pela administração pública com entidades privadas sem a estrita observância das normas pertinentes ou influir de qualquer forma para a sua aplicação irregular. (...) Art. 11 (...) Art. 11. Constitui ato de improbidade administrativa que atenta contra os princípios da administração pública qualquer ação ou omissão que viole os deveres de honestidade, imparcialidade, legalidade, e lealdade às instituições, e notadamente: (...) VIII - descumprir as normas relativas à celebração, fiscalização e aprovação de contas de parcerias firmadas pela administração pública com entidades privadas. (...) X - transferir recurso a entidade privada, em razão da prestação de serviços na área de saúde sem a prévia celebração de contrato, convênio ou instrumento congênere, nos termos do parágrafo único do art. 24 da Lei nº 8.080, de 19 de setembro de 1990.

de 17 de março de 1964, em transferências correntes e transferências de capital.[71]

Transferências correntes são despesas públicas realizadas para o custeio de instituições do terceiro setor, entendido como a manutenção de serviços, inclusive os destinados a atender obras de conservação e adaptação de bens imóveis. Sua previsão legal segrega as transferências correntes a título de subvenções sociais, subvenções econômicas e contribuições correntes.

Já as transferências de capital são despesas orçamentárias voltadas a inversões financeiras (inclusive para aquisição de imóveis) ou a investimentos em obras, equipamentos e instalações. Podem ocorrer a título de auxílios, que são previstos e disciplinados diretamente na legislação orçamentária, e a título de contribuições de capital, previstas e disciplinadas na legislação orçamentária.

O tema é de grande importância para o terceiro setor. Isso porque os requisitos gerais, bem como os requisitos específicos de cada modalidade de transferência, constam da legislação orçamentária de cada ente federativo, em especial da Lei de Diretrizes Orçamentárias ou de lei específica. É dever do Poder Público observar tais exigências, tanto no processo de decisão pela celebração de uma parceria quanto no processo de execução e fiscalização da avença.[72]

3.2.5 Direito Tributário

O Direito Tributário compreende um conjunto de normas que estabelecem relações jurídicas entre contribuintes e o Estado, bem como os direitos e deveres de ambos e dos agentes fazendários. As normas de Direito Tributário elegem, assim, fatos signo-presuntivos de riqueza com a finalidade de destinar parte desta riqueza ao Estado. Trata-se da materialização do princípio da solidariedade vertical, que transfere recursos privados à gestão estatal com a finalidade de satisfazer necessidades coletivas e concretizar direitos fundamentais.

---

[71] Deve-se notar que essa classificação, por ter como critério a categoria econômica da despesa, aplica-se tanto às transferências para o setor privado quanto para transferências intergovernamentais.

[72] Esse alerta é ressaltado por SOUZA, Rodrigo Pagani de. Lei de diretrizes orçamentárias e entidades sem fins lucrativos. *In:* ALMEIDA, Fernando Dias Menezes de; MARQUES NETO, Floriano de Azevedo; MIGUEL, Luiz Felipe H.; SCHIRATO, Vitor Rhein (Coord.). *Direito Público em Evolução:* estudos em homenagem à Professora Odete Medauar. Belo Horizonte: Fórum, 2013, p. 235-249.

Nesse plano, a relação do Direito Tributário com o terceiro setor materializa-se por três vias principais. Na primeira delas, por meio da incidência da tributação sobre as próprias instituições do terceiro setor; na segunda, por meio de benefícios fiscais, em especial imunidades e isenções, a instituições do terceiro setor; na terceira via, por meio de incentivos a pessoas físicas e jurídicas que destinam parte de sua riqueza a instituições do terceiro setor.

As imunidades do terceiro setor foram tratadas em tópico precedente como um princípio geral que protege algumas instituições do terceiro setor de serem tributadas. A imunidade tributária decorre de preceitos constitucionais que excluem expressamente da competência tributária outorgada aos entes federativos que estes instituam e cobrem impostos sobre o patrimônio, renda e serviços de instituições de educação e de assistência social (art. 150, inciso VI, alínea 'c' e §4º da CF/88), bem como contribuições para a seguridade social de instituições beneficentes de assistência social (§7º do artigo 195 da CF/88).

Já as isenções tributárias decorrem do próprio exercício competência tributária atribuído pela Constituição aos entes federativos para a instituição e cobrança de tributos. Assim, as leis que disciplinam cada tributo, seja ele de competência federal, estadual, distrital ou municipal, podem excluir expressamente determinados fatos signo-presuntivos de riqueza de tributação relacionados a instituições do terceiro setor. A isenção tributária consiste, tecnicamente, na descrição de critérios da regra matriz de incidência tributária cuja ocorrência não gera o dever de pagar o tributo. Para tanto, é possível que a própria lei que institui a isenção preveja determinadas condições ou requisitos para sua fruição.[73]

Nesse contexto, a definição do regime tributário de cada entidade do terceiro setor depende da análise da legislação tributária do local onde ela tenha sua sede ou exerça suas atividades.

Por fim, o ordenamento jurídico pátrio prevê uma série de incentivos fiscais concedidos àqueles que destinam parte de sua riqueza a instituições do terceiro setor. Os beneficiários diretos de tais incentivos

---

[73] Como exemplo, pode-se citar o Imposto sobre Propriedade Territorial Urbana – IPTU, cuja competência é municipal. Nenhum município pode cobrar tal imposto das instituições de educação e de assistência social, pois a Constituição prevê sua imunidade tributária. Além disso, nada impede que cada Município isente do pagamento de IPTU também as instituições de saúde. Para tanto, na disciplina geral do IPTU daquele Município deve haver expressa referência às entidades sem fins lucrativos de saúde. Como requisitos, a própria lei pode exigir que as entidades beneficiadas com a isenção detenham, por exemplo, o título de utilidade pública municipal e atendam determinado percentual de pacientes pelo Sistema Único de Saúde – SUS.

são, portanto, as pessoas físicas e jurídicas que realizam patrocínios ou doações, de dinheiro ou bens, a instituições do terceiro setor. Tais entidades são, assim, beneficiárias indiretas dos incentivos fiscais.

Diferem das imunidades e isenções tributárias, na medida em que não dizem respeito a normas de definição de competência ou incidência dos tributos que beneficiam o Terceiro Setor, mas sim a mecanismos de incentivo à captação de recursos provenientes de pessoas jurídicas ou físicas que pretendem contribuir com essa tarefa.

No âmbito federal, são vários os incentivos fiscais à doação ou patrocínio ao terceiro setor:
  a) dedução do imposto de renda em decorrência de doações efetuadas por pessoas jurídicas a instituições de ensino e pesquisa;
  b) dedução do imposto de renda em decorrência de doações efetuadas por pessoas jurídicas a OSCIPs ou OSCs;
  c) Lei de Incentivo à Cultura (Lei Rouanet);
  d) Lei de incentivo a atividades audiovisuais (Lei do Audiovisual);
  e) Fundo de Financiamento da Indústria Cinematográfica – Funcine;
  f) Fundos de Direitos das Crianças e dos Adolescentes;
  g) Fundos dos Direitos do Idoso;
  h) Lei de Incentivo ao Esporte.

Nem todos os incentivos fiscais em referência destinam-se especificamente ao terceiro setor em sentido subjetivo, mas grande parte deles beneficia integral ou parcialmente atividades de cunho social praticadas por tais entidades (terceiro setor em sentido objetivo).

Como se pode perceber, as hipóteses previstas nos itens (a) e (b) referem-se a repasses às próprias instituições do terceiro setor; já as hipóteses descritas nos itens (c) a (h) dizem respeito a repasses a determinados projetos de natureza social, que podem ou não ser executados por instituições do terceiro setor (a depender do caso). A principal diferença é que nos casos de repasse para um projeto todo o recurso recebido pela entidade deve permanecer em uma conta-corrente específica para o projeto, de modo que a integralidade dos recursos seja nele aplicada, conforme previsto no plano de trabalho.

3.2.6 Direito do Trabalho

O Direito do Trabalho é o ramo jurídico voltado ao estudo da disciplina jurídica das relações laborais, seja em âmbito individual, seja em âmbito coletivo. Assim, todas as relações jurídicas qualificadas pela subordinação, dependência econômica, habitualidade e pessoalidade travadas por instituições do terceiro setor sujeitam-se à legislação trabalhista.

Submetem-se, assim, ao Direito do Trabalho as recentes inovações trazidas pela Reforma Trabalhista, como (i) o novo regramento que possibilita a transferência da execução de determinadas atividades a cargo de uma entidade do terceiro setor a uma empresa de prestação de serviços a terceiros,[74] e (ii) a possibilidade de pagamento de prêmios por desempenho a empregados.[75]

No que toca especificamente ao terceiro setor, deve-se ressaltar a regulamentação dada ao trabalho voluntário pela Lei nº 9.608, de 18 de fevereiro de 1998. Segundo tal diploma legal, considera-se trabalho voluntário a atividade não remunerada prestada por pessoa física a entidade pública de qualquer natureza ou a instituição privada com fins não lucrativos que tenha objetivos cívicos, culturais, educacionais, científicos, recreativos ou de assistência à pessoa. A mesma lei esclarece que em tal hipótese inexiste vínculo trabalhista entre o voluntário e a entidade contratante.

Além disso, conforme a lei em questão, o serviço voluntário deve ser exercido mediante a celebração de termo de adesão entre a entidade e o prestador do serviço voluntário, dele devendo constar o objeto e as condições de seu exercício. Por fim, o prestador do serviço voluntário poderá ser ressarcido pelas despesas que comprovadamente realizar no desempenho das atividades voluntárias.

Outro tema importante relacionado indiretamente à Justiça do Trabalho consiste na possibilidade de remuneração de dirigentes que

---

[74] O tema é tratado pela Lei nº 6.019, de 3 de janeiro de 197, com redação dada pela Lei nº 13.429, de 31 de março de 2017, nos seguintes termos: Art. 4º-A. Considera-se prestação de serviços a terceiros a transferência feita pela contratante da execução de quaisquer de suas atividades, inclusive sua atividade principal, à pessoa jurídica de direito privado prestadora de serviços que possua capacidade econômica compatível com a sua execução. 1º A empresa prestadora de serviços contrata, remunera e dirige o trabalho realizado por seus trabalhadores, ou subcontrata outras empresas para realização desses serviços. §2º Não se configura vínculo empregatício entre os trabalhadores, ou sócios das empresas prestadoras de serviços, qualquer que seja o seu ramo, e a empresa contratante.

[75] O tema é tratado pelo §4º do artigo 457 do Decreto-Lei nº 5.452, de 1º de maio de 1943, conhecido como Consolidação das Leis do Trabalho – CLT. Tal dispositivo foi incluído pela Reforma Trabalhista e conta com sua redação dada pela Lei nº 13.467, de 13 de julho de 2017, nos seguintes termos: Art. 457 (...) §4º Consideram-se prêmios as liberalidades concedidas pelo empregador em forma de bens, serviços ou valor em dinheiro a empregado ou a grupo de empregados, em razão de desempenho superior ao ordinariamente esperado no exercício de suas atividades.

atuem efetivamente na gestão da entidade. Tal hipótese é recente, na medida em que até algum tempo atrás a legislação vedava tal prática, fundada no raciocínio de que a remuneração de dirigentes implicaria distribuição de lucros (o que é vedado às entidades sem fins lucrativos). Não obstante, com a profissionalização do terceiro setor, tal percepção foi abandonada. Atualmente, uma vez observados padrões remuneratórios de mercado, muitas vezes especificados na legislação que disciplina títulos e qualificações outorgadas ao terceiro setor, não há óbices ao pagamento de contraprestação pecuniária ao trabalho realizado por gestores de instituições do terceiro setor, os quais devem ter registro em carteira de trabalho.

Por fim, insta ressaltar que a Justiça do Trabalho não possui competência para julgar a constitucionalidade ou a legalidade de ajustes firmados pelo Poder Público com instituições do terceiro setor. Tal contratação insere-se na esfera de competência de cada ente público, de modo que cumpre à Justiça Comum a avaliação de eventual irregularidade na avença. Tal entendimento resta consolidado no âmbito do Supremo Tribunal Federal, que não reconhece competência da Justiça do Trabalho para o julgamento de questões que extravasem os limites previstos no artigo 114, em especial seu inciso I, da Constituição Federal.[76]

Portanto, compete à Justiça Comum e não à Justiça Trabalhista o julgamento de ações civis públicas decorrentes de supostas irregularidades na celebração de Convênios, Termos de Parceria, Contratos de Gestão, Termos de Colaboração, Termos de Fomento e Acordos de Cooperação com instituições do terceiro setor.

3.2.7 Direito Processual Civil

O Direito Processual Civil traz normas que disciplinam a jurisdição, entendida classicamente como o poder de o Estado, através do Poder Judiciário, aplicar a lei ao caso concreto de modo a solucionar uma lide. Assim, uma das formas de solucionar uma pretensão resistida

---

[76] Art. 114. Compete à Justiça do Trabalho processar e julgar: I as ações oriundas da relação de trabalho, abrangidos os entes de direito público externo e da administração pública direta e indireta da União, dos Estados, do Distrito Federal e dos Municípios; (...). Sobre o tema, conferir: MÂNICA, Fernando Borges; MENEGAT, Fernando. A incompetência da Justiça do Trabalho para julgar lides envolvendo celebração de Termos de Parceria e Contratos de Gestão. *Revista Brasileira de Direito da Saúde*, Brasília, v. 3, p. 142-164, jul./dez. 2012.

consiste na busca pelo Poder Judiciário, garantida pelo princípio da universalidade de jurisdição.[77] Assim, salvo a hipótese de soluções consensuais e da arbitragem, todo e qualquer litígio envolvendo uma entidade do terceiro setor poderá ser resolvido no âmbito judicial.

No Direito Processual, duas normas protetoras das instituições do terceiro setor merecem destaque. A primeira diz respeito à gratuidade de justiça e a segunda versa sobre a impenhorabilidade de recursos voltados à aplicação em educação, saúde e assistência social.

No que toca à gratuidade de justiça, o artigo 98 da Lei nº 13.105, de 16 de março de 2015, conhecida como Código de Processo Civil – CPC, prevê que a pessoa natural ou jurídica, brasileira ou estrangeira, com insuficiência de recursos para pagar as custas, as despesas processuais e os honorários advocatícios tem direito à gratuidade da justiça, na forma da lei. Como se percebe, tal comando alcança as instituições do terceiro setor que não tiverem condições de arcar com as despesas de um processo judicial sem prejuízo de suas finalidades estatutárias de interesse público.

Nesse ponto, a atuação de interesse público somada à ausência de finalidade lucrativa são aptas a dar ensejo à gratuidade de justiça. Isso porque qualquer quantia despendida em um processo judicial fatalmente retira recursos e diminui a capacidade de atuação da entidade na concretização de direitos fundamentais dos cidadãos. Portanto, a insuficiência de recursos das instituições do terceiro setor exigida pela lei processual civil não significa miserabilidade da entidade do terceiro setor. Exige-se, apenas e tão somente, a incapacidade de pagamento ou comprometimento futuro ao pagamento de despesas processuais sem prejuízo de atuação social da entidade. Assim sendo, o balanço contábil, acompanhado das devidas notas explicativas, é suficiente para o deferimento da justiça gratuita.

Nessa esquadra, as instituições do terceiro setor que dependem do repasse de recursos públicos para sobreviver fazem jus à gratuidade de justiça em todas as hipóteses. Isso porque todas as parcerias com o Poder Público demandam a elaboração de um Plano de Trabalho, no qual constam todas as despesas diretas e indiretas para a consecução do objeto da parceria. Em tal documento, não são previstas rubricas para arcar com despesas judiciais que podem surgir em decorrência do cumprimento da parceria. Assim, ainda que haja movimentação

---

[77] Art. 5º (...) XXXV - a lei não excluirá da apreciação do Poder Judiciário lesão ou ameaça a direito;

de recursos, com recebimento de repasses públicos, tais valores são destinados especificamente ao objeto pactuado com o Poder Público, de modo que, independentemente dos valores gerenciados pela entidade, resta caracterizada a hipótese de gratuidade de justiça.

Além disso, insta ressaltar que não há exigência legal de que a entidade, para que tenha reconhecida a gratuidade de justiça, seja detentora de qualquer certificado ou qualificação, como por exemplo o Certificado de Entidade Beneficente de Assistência Social – CEBAS.

Além da gratuidade de justiça, o Código de Processo Civil traz outra proteção importante contra a inviabilização das atividades de uma entidade do terceiro setor em face de um processo judicial. Trata-se da impenhorabilidade de bens, prevista no artigo 833, inciso IX, da lei em referência.

Tal dispositivo legal determina expressamente que são impenhoráveis os recursos públicos recebidos por instituições privadas para aplicação compulsória em educação, saúde ou assistência social. Conforme jurisprudência do Supremo Tribunal Federal, as instituições do terceiro setor que atuam exclusivamente nas áreas mencionadas pelo CPC, por força de lei ou de parcerias celebradas com o Poder Público, não podem sofrer bloqueio judicial de seus bens e recursos.[78] Da mesma forma que no caso da gratuidade de justiça, também na impenhorabilidade de bens não há no ordenamento pátrio a exigência de que as entidades detenham qualquer certificado ou qualificação legal, basta a obrigatoriedade de aplicação de seus recursos nas áreas sociais mencionadas na lei processual.

O fundamento para tal proteção reside no fato de que as instituições do terceiro setor que recebem recursos públicos para aplicação compulsória em determinada área atuam como meras gestoras de recursos públicos. O repasse de recursos a título de transferência, conforme disciplinado pelo Direito Financeiro, não altera a natureza pública dos recursos, de modo que seria um contrassenso permitir o bloqueio judicial de tais bens e valores.

Em uma interpretação sistemática, o preceito legal ora tratado acaba por concretizar a norma constitucional que prevê o pagamento das dívidas dos entes públicos por precatórios.[79] Afinal, trata-se de recursos

---

[78] BRASIL. Supremo Tribunal Federal. Arguição de Descumprimento de Preceito Fundamental nº 664/ES, Tribunal Pleno, Relator Min. Alexandre de Moraes, *Diário de Justiça Eletrônico*, 4 maio 2021.

[79] Art. 100. Os pagamentos devidos pelas Fazendas Públicas Federal, Estaduais, Distrital e Municipais, em virtude de sentença judiciária, far-se-ão exclusivamente na ordem

públicos a serem aplicados integralmente em serviços públicos sociais, os quais são apenas gerenciados por instituições do terceiro setor.

Por fim, deve-se ressaltar que as normas do Código de Processo Civil aplicam-se subsidiariamente a outros ramos do Direito que possuem legislação processual própria.[80] É o caso do Direito do Trabalho, cujo processo deve respeito integral à dúplice proteção trazida pelo Código de Processo Civil às instituições do terceiro setor.[81]

3.2.8 Direito Internacional Privado

O Direito Internacional Privado tem como objeto as normas jurídicas estatais que disciplinam a aplicação da lei no espaço, de modo a resolver eventuais conflitos acerca da legislação aplicável. No que toca ao terceiro setor, tem especial importância para as organizações estrangeiras que atuam no Brasil.

Sobre o tema, o Decreto-Lei nº 4.657, de 4 de setembro de 1942, conhecido como Lei de Introdução às Normas do Direito Brasileiro – LINDB, prevê que as organizações destinadas a fins de interesse coletivo, como as sociedades e as fundações, obedecem à lei do Estado em que se constituírem. Além disso, o mesmo diploma consigna que não poderão ter no Brasil filiais, agências ou estabelecimentos antes de serem os atos constitutivos aprovados pelo Governo brasileiro, ficando sujeitas à lei brasileira (art. 11, §1º). Nesse plano, a personalidade jurídica da entidade estrangeira inicia com o registro de seu ato constitutivo no Brasil, com observância dos requisitos trazidos pelo artigo 46 do Código Civil.[82]

---

cronológica de apresentação dos precatórios e à conta dos créditos respectivos, proibida a designação de casos ou de pessoas nas dotações orçamentárias e nos créditos adicionais abertos para este fim.

[80] É o que dispõe expressamente o CPC: Art. 15. Na ausência de normas que regulem processos eleitorais, trabalhistas ou administrativos, as disposições deste Código lhes serão aplicadas supletiva e subsidiariamente.

[81] No que tange à impenhorabilidade, a Instrução Normativa 203/2016 do Tribunal Superior do Trabalho é expressa ao prever que: Art. 3º Sem prejuízo de outros, aplicam-se ao Processo do Trabalho, em face de omissão e compatibilidade, os preceitos do Código de Processo Civil que regulam os seguintes temas: (...) XV - art. 833, incisos e parágrafos (bens impenhoráveis).

[82] Art. 46. O registro declarará: I - a denominação, os fins, a sede, o tempo de duração e o fundo social, quando houver; II - o nome e a individualização dos fundadores ou instituidores, e dos diretores; III - o modo por que se administra e representa, ativa e passivamente, judicial e extrajudicialmente; IV - se o ato constitutivo é reformável no tocante à administração, e de que modo; V - se os membros respondem, ou não, subsidiariamente, pelas obrigações sociais; VI - as condições de extinção da pessoa jurídica e o destino do seu patrimônio, nesse caso.

REFERÊNCIAS

AFONSO DA SILVA, José. *Curso de Direito Constitucional Positivo*. 22. ed. São Paulo: Malheiros, 2003.

ALESSI, Renato. *Sistema Istituzionale del Diritto Amministrativo Italiano*. Milano: Antonio Giufrè Editore, 1953.

ALEXY, Robert. *Teoría de los Derechos Fundamentales*. Trad. Carlos B. Pulido. 2. ed. Madrid: Centro de Estudios Políticos y Constitucionales, 2007.

ANDERSON, Benedict. *Imagined Communities*: reflections on the Origin and Spread of Nationalism, VERSO, 1983, 2016.

ANDERSON, PERRY. *Lineagens of the Aboslutist State*. W. W. Norton & Company. Verso World History Series, p. 573.

ARAGÃO, Alexandre Santos de. *Direito dos serviços públicos*. Rio de Janeiro: Forense, 2007.

ARIÑO ORTIZ, Gaspar. *Princípios de Derecho Público Económico*. Granada: Comares, 1999.

BARBOSA, Maria Nazaré Lins; OLIVEIRA, Carolina Felippe de. *Manual de ONGs:* Guia prático de orientação jurídica. Rio de Janeiro: FGV, 2001.

BACELLAR FILHO, Romeu Felipe. *Direito Administrativo e o novo Código Civil*. Belo Horizonte: Fórum, 2007.

BOBBIO, Norberto. *A era dos direitos*. Trad. Carlos Coutinho. Rio de Janeiro: Campus, 1992.

BOBBIO, Norberto. *Estado governo sociedade:* para uma teoria geral da política. 10. ed. Rio de Janeiro: Editora Paz e Terra, 2003.

BONAVIDES, Paulo. *Curso de direito constitucional*. 13. ed. São Paulo: Malheiros, 2003.

BRASIL. Superior Tribunal de Justiça. AgInt no Recurso Especial nº 1.845.674/DF, Primeira Turma, Rel. Min. Napoleão Nunes Maia Filho. Rel. p. o acórdão: Min. Gurgel de faria, *Diário de Justiça da União*, 18 dez. 2020.

BRASIL. Supremo Tribunal Federal. Ação Direta de Inconstitucionalidade 4480/DF, Tribunal Pleno, Relator Min. Gilmar Mendes, *Diário de Justiça da União*, 15 abr. 2020.

BRASIL. Supremo Tribunal Federal. Ação Direta de Inconstitucionalidade n. 1923-5/DF, Tribunal Pleno, Relator Min. Luiz FUX, *Diário de Justiça da União*, 17 dez. 2015.

BRASIL. Supremo Tribunal Federal. Arguição de Descumprimento de Preceito Fundamental n. 664/ES, Tribunal Pleno, Relator Min. Alexandre de Moraes, *Diário de Justiça Eletrônico*, 4 maio 2021.

BRASIL. Supremo Tribunal Federal. Embargos de Declaração no Recurso Extraordinário n. 566.622/RS, Tribunal Pleno, Relator Min. Marco Aurélio, *Diário de Justiça da União*, 11 maio 2020.

BRASIL. Supremo Tribunal Federal. Recurso Extraordinário n. 466.343/SP, Tribunal Pleno, Relator Min. Cezar Peluso, *Diário de Justiça da União*, 5 jun. 2009.

BRASIL. Supremo Tribunal Federal. Recurso Extraordinário n. 566.622/RS, Tribunal Pleno, Relator Min. Marco Aurélio, *Diário de Justiça da União*, 23 ago. 2017.

BRASIL. Supremo Tribunal Federal. Recurso Extraordinário n. 581.488/RS. Tribunal Pleno, Relator Min. Dias Toffoli. *Diário de Justiça da União*, 8 abr. 2016.

CAETANO, Marcello. *Manual de Direito Administrativo*. 10. ed. T. II. Coimbra: Almedina, 1997.

CANOTILHO, J. J. Gomes. *Direito constitucional e teoria da constituição*. 7.ed. Coimbra: Almedina, [s.d.].

CARVALHO FILHO, José dos Santos. *Manual de direito administrativo*. 23. ed. rev. e ampl. e atual. Rio de Janeiro: Lumen Juris, 2010.

CASALTA NABAIS, José. Algumas considerações sobre a solidariedade e a cidadania. *Boletim da Faculdade de Direito da Universidade de Coimbra – BFDUC*, Coimbra, 1999.

COSTA, Regina Helena. *Imunidades Tributárias* – Teoria e Análise da Jurisprudência do STF. São Paulo: Malheiros, 2001.

COSTÓDIO FILHO, Ubirajara. Emenda Constitucional 19/98 e o princípio da eficiência na Administração Pública. *Cadernos de Direito Constitucional e Ciência Política*. São Paulo: Revista dos Tribunais, 1999.

CRETELLA JÚNIOR, José. *Administração indireta brasileira*. Rio de Janeiro: Forense, 1980.

DERZI, Mizabel Abreu Machado. A imunidade das instituições de educação e de assistência social. *In*: ROCHA, Valdir de Oliveira (Coord.). *Imposto de Renda* – Alterações fundamentais. São Paulo: Dialética, 1998, v. 2.

DI PIETRO, Maria Sylvia Zanella. *Direito administrativo*. 20. ed. São Paulo: Atlas, 2007.

DIAS, Maria Tereza Fonseca. *Terceiro setor e Estado:* legitimidade e regulação - por um novo marco jurídico. Belo Horizonte: Fórum, 2008.

DRUCKER, Peter. *Uma era de descontinuidade*: orientações para uma sociedade em mudança. Trad. J. R. Brandão de Azevedo. Rio de Janeiro: Zahar, 1970.

ESTORNINHO, Maria João. *Requiem pelo Contrato Administrativo*. Coimbra: Almedina, 2003.

FACHIN, Luiz Edson. *Direito civil:* sentidos, transformações e fim. Rio de Janeiro: Renovar, 2015.

FACHIN, Luiz Edson. *Teoria Crítica do Direito Civil*. 3. ed. Rio de Janeiro: Renovar, 2012.

FARIAS, Valter Nazareno. A estrutura organizacional da Administração Pública e os princípios formadores da função Administrativa. *Revista dos Tribunais*, RT 833/75, maio 2009.

FORTINI, Cristiana. *Contratos administrativos:* franquia, concessão, permissão e PPP. Belo Horizonte: Del Rey, 2007.

FUX, Luiz; MODESTO, Paulo; MARTINS, Humberto Falcão. *Organizações Sociais após a decisão do STF na ADI n. 1.923/2015*. Belo Horizonte: Fórum, 2017,

GABARDO, Emerson. *Eficiência e legitimidade do Estado*. Barueri, SP: Manole, 2003.

GABARDO, Emerson. *Interesse Público e Subsidiariedade*: o Estado e a Sociedade Civil para além do bem e do mal. Belo Horizonte: Fórum, 2009.

GABARDO, Emerson. *Princípio constitucional da eficiência administrativa*. São Paulo: Editora Dialética, 2002.

GIANNINI, Massimo Severo. *Il Publico Potere*: Stati e Amministrazioni Publiche. Bolonha: Il Mulino, 1986.

GRAU, Eros Roberto. *A ordem econômica na Constituição de 1988*. 11. ed. São Paulo: Malheiros, 2006.

HOBSBAWN, Eric. *A era das revoluções:* 1789 a 1848. 33. ed. São Paulo: Paz e Terra, 2012.

IBÁÑEZ, Santiago González-Varas. *El Derecho Administrativo Privado*. Madri: Montecorvo, 1996.

JORDANA DE POZAS, Luis. Ensayo de una teoría del fomento en el Derecho Administrativo. *Revista de Estudios Políticos*, n. 48, p. 46, 1949.

JUSTEN, FILHO, Marçal. *Curso de Direito Administrativo*. São Paulo: Saraiva, 2005.

JUSTEN, FILHO, Marçal. *Curso de Direito Administrativo*. 11. ed. São Paulo: RT, 2015.

JUSTEN FILHO, Marçal. *Introdução ao Estudo do Direito*. 2. ed. Rio de Janeiro: Forense, 2021, edição Kindle, cap. XVIII.

JUSTEN FILHO, Marçal. *O direito das agências reguladoras independentes*. São Paulo: Dialética, 2002.

LEONARDO, Rodrigo Xavier. *Associações sem fins econômicos*. São Paulo: Revista dos Tribunais, 2014.

MÂNICA, Fernando B. Racionalidade econômica e racionalidade jurídica na constituição de 1988. *A&C – Revista de Direito Administrativo e Constitucional*, Belo Horizonte, ano 8, v. 32, p. 131, abr./jun. 2008.

MÂNICA, Fernando Borges; MENEGAT, Fernando. *Teoria Jurídica da Privatização:* Fundamentos e técnicas de coordenação público-privada no Direito brasileiro. Rio de Janeiro: Lumen Juris, 2017.

MÂNICA, Fernando Borges. A complementaridade da participação privada no SUS. *Revista Brasileira de Direito da Saúde*, Brasília v. 2, p. 34-54, jan./jul. 2012.

MÂNICA, Fernando Borges. Normas de estrutura e normas de comportamento: fundamentos da dicotomia. *Revista Bonijuris*, ano XXIII, n. 574, v. 23, p. 16-20, set. 2011. Disponível em: http://fernandomanica.com.br/site/wp-content/uploads/2015/10/normas_de_estrutura_e_de_comportamento.pdf.

MÂNICA, Fernando Borges. *O Setor Privado nos Serviços Públicos de Saúde.* Belo Horizonte: Fórum, 2010.

MÂNICA, Fernando Borges. *Terceiro setor e imunidade tributária*: teoria e prática. Belo Horizonte: Fórum, 2004.

MÂNICA, Fernando Borges; MENEGAT, Fernando. A incompetência da Justiça do Trabalho para julgar lides envolvendo celebração de Termos de Parceria e Contratos de Gestão. *Revista Brasileira de Direito da Saúde*, Brasília, v. 3, jul./dez. 2012.

MAQUIVEL, Nicolau. *O Príncipe.* Trad. Maurício Santana Dias. São Paulo: Penguin Companhia, 2010.

MARINONI, Luiz Guilherme; ARENHART, Sérgio Cruz. *Manual do Processo de Conhecimento*: a tutela jurisdicional através do processo de conhecimento. São Paulo: Revista dos Tribunais, 2001.

MAURER, Hartmut. *Direito Administrativo Geral.* Trad. Luis Afonso Heck. São Paulo: Manole, 2006.

MEDAUAR, Odete. *Direito Administrativo Moderno.* 19. ed. São Paulo: Revista dos Tribunais, 2015.

MELLO, Celso Antônio. *Curso de Direito Administrativo.* 23. ed. São Paulo: Malheiros, 2006.

MELLO, Celso Antônio Bandeira de. *Grandes temas de Direito Administrativo.* São Paulo: Malheiros, 2009.

MELLO, Celso Antônio Bandeira de. Modalidades de descentralização administrativa e seu controle. *Revista de Direito Público – RDP*, 4/51, p. 25-34, jun. 1968.

MODESTO, Paulo (Org.) *Nova organização administrativa brasileira.* Belo Horizonte: Fórum, 2009.

MODESTO, Paulo. O Direito Administrativo do Terceiro Setor: a aplicação do direito público às entidades privadas sem fins lucrativos. *In*: MODESTO, Paulo; CUNHA JUNIOR, Luiz Arnaldo Pereira da (Org.). *Terceiro Setor e Parcerias na Área de Saúde.* Belo Horizonte: Fórum, 2011, p. 21-40.

MODESTO, Paulo. Parcerias público-sociais (PPS) categoria jurídica, sustentabilidade e controle em questões práticas. *In*: FUX, Luiz; MODESTO, Paulo; MARTINS, Humberto Falcão. *Organizações Sociais após a decisão do STF na ADI n. 1.923/2015.* Belo Horizonte: Fórum, 2017, p. 97-127.

MODESTO, Paulo. Reforma Administrativa e Marco Legal das Organizações sociais no Brasil. *Revista de Direito Administrativo*, Rio de Janeiro, v. 210, p. 195-212, out. 1997.

MODESTO, Paulo. Reforma do Estado, formas de prestação de serviços ao público e parcerias público-privadas: demarcando as fronteiras do conceito de serviço público, de serviços de relevância pública e de serviços de exploração econômica para as parcerias público privadas. *In*: SUNDFELD, Carlos Ari (Org.). *Parcerias Público-Privadas*. São Paulo: Malheiros, 2005, p. 433-486.

MONTAÑO, Carlos. *Terceiro setor e questão social:* crítica do padrão emergente de intervenção social. 2. ed. São Paulo: Cortez, 2003.

MORAES, Bernardo Ribeiro de. A Imunidade Tributária e seus novos aspectos. *Revista Dialética de Direito Tributário*, São Paulo, n. 34, p. 19-40, 1998.

MOREIRA NETO, Diogo de Figueiredo. *Curso de direito administrativo*. 14. ed. Rio de Janeiro: Forense, 2009.

MOREIRA NETO, Diogo de Figueiredo. *Quatro paradigmas do direito administrativo pós-moderno*: legitimidade, finalidade, eficiência, resultados. Belo Horizonte: Fórum, 2008.

MOREIRA, Egon Bockmann. *Direito das Concessões de Serviço Público*. São Paulo: Malheiros, 2010.

MOREIRA, Egon Bockmann. Processo Administrativo e Princípio da Eficiência. *In*: SUNDFELD, Carlos Ari; MUÑOZ, Guillermo Andrés (Coord.). *As Leis de Processo Administrativo*. São Paulo: Malheiros, 2000.

MOREIRA, Vital. *Administração autônoma e associações públicas*. Coimbra: Coimbra, 1997.

MOREIRA, Vital; MAÇAS, Maria Fernanda. *Autoridades reguladores independentes*. Coimbra Editora, 2003.

NOHARA, Irene Patrícia. *Direito Administrativo*. 5. ed. São Paulo: Atlas, 2015.

OLIVEIRA, Gustavo Justino de. Direito do Terceiro Setor. *Revista de Direito do Terceiro Setor*, v. 1, p. 11-38, 2007.

OLIVEIRA, Gustavo Justino de. Estatuto jurídico do terceiro setor e desenvolvimento: conectividade essencial ao fortalecimento da cidadania, à luz dos 20 anos da Constituição de 1988. *Revista de Direito do Terceiro Setor*, v. 5, p. 9-37, jan./jun. 2009.

PAES, José Eduardo Sabo. *Fundações e Entidades de Interesse Social*. Brasília: Brasília Jurídica, 1999.

PEREZ LUÑO, Antonio-Enrique. *Los Derechos Fundamentales*. 6. ed. Madrid: Tecnos, 1995.

POLANYI, Karl. *A grande transformação*: as origens de nossa época. Trad. Fanny Wrobel. 2. ed. Rio de Janeiro: Elsevier, 2000.

PONTES DE MIRANDA, Francisco. *Tratado de Direito Privado*. Parte Geral. Tomo I: Introdução. Pessoas Físicas e Jurídicas. São Paulo: Revista dos Tribunais, 1977.

RAFAEL, Edson José. *Fundações e direito:* Terceiro Setor. São Paulo: Melhoramentos, 1997.

RASIL. Supremo Tribunal Federal. Recurso em Mandado de Segurança n. 22192. Relator Ministro Celso de Mello, Primeira Turma, 28 nov. 1995. *DJ* 19 dez. 1996.

RESENDE, Tomáz de Aquino. *Manual de Fundações*. Belo Horizonte: Nacional, 1996.

RESENDE, Tomáz de Aquino. *Roteiro do Terceiro Setor*. Belo Horizonte: Publicare, 1999.

RIVERO, Jean. *Direito Administrativo*. Trad. Rogério E. Soares. Coimbra: Almedina, 1981.

ROCHA, Sílvio Luís Ferreira da. *Terceiro Setor*. São Paulo: Malheiros, 2003.

SOUZA, Leandro Marins de. *Tributação no Terceiro Setor no Brasil*. São Paulo: Dialética, 2004.

SOUZA, Rodrigo Pagani de. Lei de diretrizes orçamentárias e entidades sem fins lucrativos. *In:* ALMEIDA, Fernando Dias Menezes de; MARQUES NETO, Floriano de Azevedo; MIGUEL, Luiz Felipe H.; SCHIRATO, Vitor Rhein (Coord.). *Direito Público em Evolução:* estudos em homenagem à Professora Odete Medauar. Belo Horizonte: Fórum, 2013, p. 235-249.

SUNDFELD, Carlos Ari. *Direito administrativo ordenador*. São Paulo: Malheiros, 1997.

SUNDFELD, Carlos Ari. Serviços públicos e regulação estatal. *In:* SUNDFELD, Carlos Ari (Coord.). *Direito administrativo econômico*. São Paulo: Malheiros, 2000.

SZAZI, Eduardo. *Terceiro Setor*: Regulação no Brasil. São Paulo: Peirópolis, 2000.

TEIXEIRA, Josenir. *O Terceiro Setor em Perspectiva*: da estrutura à função social. Belo Horizonte: Fórum, 2011.

TOQUEVILLE, Alexis de. *Democracia na América*. Trad. Neil R. da Silva. 4. ed. Belo Horizonte: Itatiaia, 1998.

VEDEL, Georges; DELVOLVÉ, Pierre. *Droit administratif*. Paris: Presses Universitaires de France, 1984.

VIOLIN, Tarso Cabral. *Terceiro Setor e as Parcerias com a Administração Pública*: uma análise crítica. Belo Horizonte: Fórum, 2006.

WOLFF, Hans Julius; BACHOF, Otto; STOBER; Rolf. *Direito Administrativo*. vol. 1. Trad. Francisco de Souza. Lisboa: Fundação Calouste Gulbenkian, 2006.

Esta obra foi composta em fonte Palatino Linotype, corpo 10
e impressa em papel Offset 75g (miolo) e Supremo 250g (capa)
pela Gráfica Formato.